近代南來文人的香港印象與國族意識

近代南來文人的
香港印象與國族意識

三卷合訂本

趙雨樂 著

三聯書店（香港）有限公司

責任編輯	陳多寶
書籍設計	吳冠曼

書　　名	近代南來文人的香港印象與國族意識（三卷合訂本）
著　　者	趙雨樂
出　　版	三聯書店（香港）有限公司
	香港北角英皇道 499 號北角工業大廈 20 樓
	Joint Publishing (H.K.) Co., Ltd.
	20/F., North Point Industrial Building,
	499 King's Road, North Point, Hong Kong
香港發行	香港聯合書刊物流有限公司
	香港新界荃灣德士古道 220-248 號 16 樓
印　　刷	美雅印刷製本有限公司
	香港九龍觀塘榮業街 6 號 4 樓 A 室
版　　次	2016 年 12 月香港第一版第一次印刷
	2023 年 4 月香港第一版第二次印刷
規　　格	16 開（170 × 240 mm）312 面
國際書號	ISBN 978-962-04-4085-4

目錄

中卷

下卷

序言

　　「南來文人」是一個從香港地緣出發、追溯知識人自身民族文化淵源的複合名詞。其群體的身分定義寬廣，活動性質多元，向為學術界討論百年中港關係時必定觸及的課題。例如盧瑋鑾教授的《香港文學散步》，便特別挑選了五位在香港留下足跡的文人：蔡元培、魯迅、許地山、戴望舒、蕭紅，以及四個重要地標：孔聖堂、學士台、六國飯店、達德學院，用以串聯一系列的香港文學印象。考究當中的詞意，當包含地域及國族的自我認知，其一是大眾認識此一群體經跨了自北面中國至南面香港的活動轉遷；其二，社會普遍認同活動者承載著中華國粹，在港期間直接或間接播下文化種子。符合此兩種特徵的人，固不止於文學界別，他們大多生活在動盪的晚清至近代中國社會。因應開埠以來相對穩定的政局，香港成為中國文化人可以安身立言之地。在行政領域上，國家與此塊殖民地遙遙相隔，兩地的人文活動卻未嘗斷絕，在他們的字裏行間，往往留下深刻的香港印象，並時刻關注於國家民族的危機。

　　文人者也，嚴格而言，混合了傳統和現代的意涵，隨時代下移而存在各種身分詮釋。古代的文人，通稱那些接受過儒家經典教育，對孔孟仁義之道、齊家治國平天下等觀念具根本認知，願意以此作為終身抱負的士子。能夠步入仕途的科班子弟，可履行責任的幅度愈大；不入仕宦階層，務能潔身自愛，通過鄉儒、士紳等名目，仍然可以垂範於世。也就是說，文人是維持國族有效運作的文化專業團隊，不因時間與地域的轉變而產生根本的質變。而且，箇中從道德教化發展至服務社稷的價值鎖鏈，在近代化的社會組織之內，派生多元的角色輔助。回顧十九世紀下半葉迄二十世紀上半葉的中國，在外力侵迫之下，政局風起雲湧，政權數度更迭。在這大時代的轉折期間，革命家、政治家、教育家、史學家、文學家、藝術家

的言論愈形活躍，休戚與共的國家和民族情懷，溢於各人的著述、日記、詩賦、報刊、書札當中，正好反映上述文人的特徵，是細察其心路歷程的最佳文本。

本書構成的概念，即從人文地域關懷的角度出發，探討晚清至近現代知識人的國族觀念。這種廣涉民族歷史和地緣文化的學理判斷，其產生的背景錯綜複雜，時間的跨度也較漫長。從文本研究來說，至少可發現自覺及不自覺的兩種意識。首先，民族情懷從來就是一種直觀的感情表現，面對家國戰亂、人民流離失所，文人容易藉文字流露出對亂象的感慨。惟此種發乎情的文筆抒泄，往往集中在描述時局的表象與個人的憂憤上，而對於為何會造成此亂局，國家民族再興的機會若何，外國有何可資參考的良方等，均有不少補白的餘地，凡此均促使知識分子逐漸投進更具意識的國族理論建構當中。觀察各個時期的文本，不乏國族意識相對鮮明的人士，他們基於各自教育、際遇與人脈交結的不同，思考國家和民族問題的方法途徑也不一樣。故此，本書以「南來文人」來總歸他們豐富的文化思潮，達致論述紊而不亂，仍帶來不少學理之便。

本書分上、中、下三卷，各卷按時序鋪排，綜述了晚清至近現代文人及其相關社群的香港印象，列舉他們南來以後產生的國族觀感。部分人在歷史之中享負盛名，部分人漸次在史冊中寂寂無聞，把他們置於同一歷史場景之中，當可發現知識分子愛國之情，本來無貴賤之分，惟時遇不同而已。像王韜在太平天國失敗以後，自號「天南遁叟」，隱跡於香江，其所見所聞已入於一種自娛與記趣，見街道整潔、工商蓬勃，自然牽動著對中國混亂的反思，故創辦《循環日報》以啟導民智。至若康有為、梁啟超、孫中山，將畢生之力投放於改良或革命，無不從中國叢生的弊病出發，省察民族富強之道，他們在港抑或過港的一言一行，足以引導政治思潮，構成深遠的影響。

知識人不以身處安逸為最終生活目的，此一社群在地的道德教化至為堅執，如寨城官員、晚清遺老、文學作家在香港一隅留下的翰墨可見，他

們於移風易俗、振興教育、連繫志趣等方面貢獻巨大，保存了國家優良的文化傳統，令薪火得以相傳。類似的思想感染，由個人而眾人，最後結聚為該時代裏至具代表性的文化社群。例如民國以降的學海書樓、二三十年代的清遊會、五六十年代的新亞學人，均可體會時人對國族文化的同德同心。從陳樹人、高劍父、高奇峰的嶺南畫派，到葉恭綽帶領廣東文人參與香港大學主辦的文物展覽及學術盛事，文人思想的發動微妙地由個體表達衍生為群性活動，種種信念由此得以鞏固交流。

中國因素在近現代扮演著舉足輕重的作用，文人在港任何國族觀念的反響，源自於其對祖國的多方觀感。此圖像猶如述月之陰晴圓缺，帶有濃厚的主觀判斷。思想趨於保守的文人，所述的國族關係或傾向於同情國家優越一面，主調在瑕不掩瑜；相反而言，被視為進取一派的文人，則大力指陳國家的積弊，凸顯改革有益於瀕危的國族處境。他們雜亂的心緒，無可避免經歷互相指摘的迷思階段，漸而產生涇渭分明的政治立場。但從民族文化的高度考慮，無論郭沫若抑或陳寅恪，胡適還是魯迅，各人都在致力建立自己的國族文化觀，嘗試以學術手段，投入到整理國故、重塑中華的工程。

本書得以再版，有賴三聯書店董事總經理葉佩珠、出版經理梁偉基的鼓勵和支持。作為一本表述近現代香港人文交往現象的小書，兩位專家都認為可以繼續推廣，讓更多關心中國發展前途、懷緬本地學人足跡的研究者提供一個參考，或有益於文化旅遊的景點重尋。在港區國安法的保障下，香港逐漸由亂而治，公民教育中的國家觀念培育，又是重中之重的內容。如何達至志情意的學習交融，尚需更多現實而具共鳴的國史題材，本書以文人關社認祖為切入點，苟能輔助學生建立正確的國民身分認同，於願足矣！

趙雨樂教授

「香港文博教育資源」集團主席

2023 年 3 月 29 日

上　卷

王韜

——在香港走向現代的傳統知識分子

理雅各翻譯大量中國經典著作，王韜之協助功不可沒。圖為理雅各和他的學生們。（高添強提供）

今日回溯看來，十九世紀實為中國裂變的大時代。中國傳統以來之各種體制都受到極大衝擊，既有之知識系統、世界觀念甚至國族信仰都深受震撼。然而如此巨變有其逐步過程，最初只有少數高瞻遠矚、敏於時局變化的人方能覺知刻下動盪的深刻意義。王韜即為其中少有走在時代前沿、先覺世界大勢、呼籲朝野變法的先驅。如同當時中國一般的知識分子，王韜係傳統舊學出身，早年亦以考取科舉功名為志。然而寓居香港令其真切體會到西方的現代文物制度，又藉其在港人脈而得以遊歷歐洲日本，於是眼界大開，繼而籌辦報業，廣結政界朝士，大力鼓動風潮，啟迪日後各維新及革命黨人。王韜在香港，開中國風氣之先，引領知識界由傳統走向現代。

王韜的生平背景

王韜（1828-1897），初名利賓，又名畹，字蘭瀛。年十八歲考取秀才入縣學之後，為督學張芾（1814-1862）[1] 賞識，改名為翰，字懶今，號蘭卿；後逃亡香港，再改名為韜。王氏生於蘇州府長洲縣，祖上為明代巨族，世代士人。父昌桂，字肯堂，又字雲亭，為鄉村學官。有一弟利貞（1834-1860），字叔亨，讀書但未有功名；後鴉片成癮，年僅二十七歲便早逝。[2] 王氏成家族單傳之男丁。

1847 年，父親至上海縣設館授徒，翌年王氏亦至上海省親，參觀了倫敦傳道會（The London Missionary）設立之出版社墨海書館，結識了主持教士麥都思（Walter H. Medhurst, 1796-1857），並受邀在書館從事編校工作，開始參與出版事業。王氏在此留駐工作十三年，期間與教士合作譯出《聖經》及多部西學著作，如《泰西通商事略》、《西國天學源流》、《光學圖說》等等，於中國開埠早期譯介西方知識，貢獻良多。[3] 與此同

時，又因為與傳教士之機緣，捲入了「太平天國」之亂（1851-1872）。洪秀全以天主為號召，創立拜上帝會，起事反清，引起西方列強及教會關注。書館教士艾約瑟（Joseph Edkins, 1823-1905）等於是前往時為「天國」首府之南京考察，並帶同王韜同行。王氏一度對太平軍甚為欣賞，後更在 1862 年「天國」攻略江蘇之時，進言獻計攻取上海。其上書未有得到重視，但卻為清軍在攻取太平軍營壘時發現，令王氏旋即成為朝廷通緝之叛黨。王韜於是藉教會安排，在英國駐上海領事保護下，逃亡香港，從此寓港二十年，建立其中國報業及革新先驅的名聲。[4]

王韜的香港事業

協助理雅各推展翻譯事業

王氏於 1862 年冬流亡香港之後，為避開通緝，改名為韜，字仲弢，號天南遁叟，投靠同為倫敦傳道會教士之理雅各（James Legge, 1815-1897）。理氏生於蘇格蘭阿伯丁郡（Aberdeenshire），本為教會派駐馬六甲英華書院（Ying Wa College）之教士，1843 年隨著香港開埠，與書院一同遷往香港，主持中西語言及知識教育，並致力編印各種教會及西學書籍。早自 1858 年，理雅各已開展其譯介中國十三經之計劃，及至 1862 年，在時任書院印務總監、留美歸國的華人信徒黃勝（1827-1902）協助下，已先後完成《四書》的翻譯，是為「中華經典」（Chinese Classics）系列之一、二卷。[5] 王韜往之投靠後，以其在上海的翻譯經驗，協助理雅各開展《五經》翻譯，並從此成為其十分重要的左右手。

1866 年，理氏因身體抱恙希望返英療養，但為繼續翻譯計劃，於是約同王韜隨其返國，王氏遂遊歷英倫。王氏於 1867 年出發，留英兩年餘，至 1870 年隨理雅各回港繼續英華書院職務而返港。數年間二人合力

約 1870 年從美利軍營遠眺中環一帶（高添強提供）

將《五經》翻譯編印，陸續在香港出版了各卷「中華經典」，終於完成了將中國《四書》及《五經》譯介歐西的盛事。理雅各之翻譯，精細嚴謹，王韜就形容：

> 先生不憚其難，注全力於十三經，貫串考覆，討流泝源，別具見解，不隨凡俗。其言經也，不主一家，不專一說，博採旁涉，務極其通。大抵取材於馬、鄭，而折衷於程、朱；於漢、宋之學，兩無偏袒，譯有四子書、尚書兩種。書出，西儒見之，咸嘆其詳明賅洽，奉為南針。[6]

王氏評說所言非虛。事實上，正如余英時指出，理雅各之翻譯貢獻甚大，於漢學史上值得大書特書。其譯作自刊行以來即為西方有關中國學術的經典著作，至今仍然風行，乃至香港大學及美國康乃爾大學分別在 1960 及 1995 年又再編印新版。此實有賴理雅各身處香港，方能直接接觸當時最新的研究成果，成就此傑出精湛的譯本。[7]其中王韜之協助功不可沒。理氏就曾在致妻子的信中表示，王韜為一流學者，學養在當時的香港無出其右；正因為王氏十分重要，在翻譯工作進行期間，常強令其留在身邊協助，且每每覺得實在發揮大用。[8]王韜在香港，就此成就了中西文化交流的豐功偉績。

王韜與理雅各的情誼一直深厚。在港時，「理君於課經餘閒，時招余往，作竟日流連。一榻臨風，涼颼颯至，把卷長吟，襟懷開曠，余謂此樂雖神仙蒂也。理君不敢獨享，必欲分餉，真愛我哉！」[9]在理氏離港後，兩人亦屢通書信。王韜信中常念及「夫子大人栽培，恩深惠重」；「韜惟覺惓惓，念先生而無一刻或忘也」；可見王韜對理雅各敬重情深。兩人又不時互相請託購書等事，亦互相傾吐家事近況。在晚年信中，王韜坦

言「年齒日增，精神意興迥非昔時」，「以年老多病不欲遠行」；1891 年又說「意興頹唐，精神疲憊，迴不如前，兼以多病，畏長事藥鑪」。理氏亦時向王韜提及家中各人私事，如妻兒病況等等。足見兩人之惺惺相惜，深交至篤。[10]

興辦中華印務總局及《循環日報》

在翻譯以外，王韜藉其對出版事業之熟悉，進而興辦報業。1873 年，理雅各結束英華書院之職務，離港返英，書院的印務處亦將停止運作。在十九世紀末，英華書院之印務處曾以其先進技術獨步中國，鑄造金屬活字印模的設備，領先東亞。除卻區內教會及報社紛紛致訂印刷出版品，俄羅斯沙皇政府、「天國」之干王洪仁玕（1822-1864）以及北京的總理各國事務衙門，都向書院訂購活字印模。不過，在 1860 年代末，由於區內的西方印刷局漸多，顧客流失；而教會印務，始終秉持不以牟利的低價，書院之印務生意後來就無以為繼。[11] 但王韜及前述之黃勝，深悉書院印刷設備始終優秀，可以利用，於是兩人及時任香港《德臣西報》(The China Mail) 之陳言（1905 年卒）合資，購置書院印刷機器及活字版，繼續出版事業，刊印了湛約翰的《英粵字典》及《華英字典》等著作，並一面籌備報業。就如論者蘇精所指，教會引進西方印刷設備及技術，本為方便宣教書刊出版，卻無形中向中國介紹了一種新式的知識傳播方法。王韜以其較早接觸西方出版的獨特經驗，成為最早具有如此敏銳觸覺的人之一。其與友人購置英華印務及創辦中華印務總局，亦象徵著西方活字印刷在華本土化的開端。[12]

同時，印務局亦為王韜在海內外帶來極大名聲。王氏自 1870 年與理雅各於歐洲回國後，就著手編著《法國圖說》一書，以向國人說介法國近況。適時，普法戰爭爆發，王韜於是與陳言合作，將香港西報刊載

的消息編譯，在戰爭結束後不久，寫就《普法戰記》一書，分析戰事起因、經過及結果，並展望戰後的國際形勢，於 1873 年中華印務局開局後刊行。[13] 此書旋即傳到日本，引起甚大反響，日本陸軍省更命人重新排印編譯。1879 年，日本大藏省大臣松方正義（1835-1924）自法國博覽會回國時途經香港，特與王韜同遊廣州。同年，日本報人寺田士弧更發信邀請王氏出遊日本。於是王韜動身往日訪問四個月，飽覽明治維新的榮景，廣泛接觸日本之文化界及政界人士；與清廷駐日公使何如璋（1837-1891）、參贊黃遵憲等往還甚篤。何氏與黃氏更希望王韜往日本領事館工作，但可惜清廷不許。[14]

1880 年日本志士成立「興亞會」，主張聯合亞洲對抗西洋。會長岡護美、渡邊洪基均與王韜相識。1884 年，著名報人與政治家矢野龍溪（1850-1931）甚至特意來港拜訪，但由於王韜月前已離港遷滬，緣慳一面。[15] 就此種種往來，可見王韜於日本文化界亦具相當地位，並反映十九世紀港日之間的緊密關係。

至於在國內，王氏之聲名更奠基於其對報業的貢獻。中國傳統上並無現今意義上傳播社會新聞的「報刊」，只有官員間互通政令消息的「邸報」。十九世紀以降，沿海商埠大開之際，西方之報章運作亦隨而傳入各口岸，但自然只限外文。香港開埠初期，只有英文報紙，及至 1853 年，方有英國傳道會創辦的第一份華文刊物《遐邇貫珍》（Chinese Serial），由英華書院主理印刷，麥都思與理雅各曾先後任主編，但仍然不過係月刊。1858 年香港《孖剌日報》（Hong Kong Daily Press）創辦中文刊《中外新聞》，香港以至中國方見第一份中文報紙；及後《德臣西報》於 1871 年亦辦中文刊《華字日報》，強調其華文特色，但始終附屬於西報。及至 1874 年，王韜等人藉中華印務總局之設備及資源，創辦《循環日報》（Universal Circulating Herald），終於開創華人自行辦報的先河。此後十多

年,《循環日報》成為王韜發表政論、鼓吹改革風潮的主要園地,且對國內發揮相當影響。先一年於上海創辦《申報》的英商美意(Ernest Major, 1841-1908)亦派員往《循環日報》考察學習。其後王韜在寫給理雅各的信中更自言:「韜主理中華印務總局已九年,所作《循環日報》,遐邇傳流,推為巨擘;各省官商,頗交相識。」[16]

王氏此言是亦不虛。在創立日報後,王韜就得以在香港廣結各政界朝士。1876年,美國值其獨立建國百周年,在費城(Philadelphia)主辦世界博覽會,代表中國使團的李圭在其回國時途經香港,就與王韜面談時局,對之大為欣賞。謂:「頗能洞悉中外機宜。雖坐面言,要皆可起而行也。不意天南羈旅,世不知其才,良可惜哉。」[17]1879年,洋務派重臣、駐法國公使郭嵩燾(1818-1891)在取道香港回國後,又與王氏相見,在返京船上閱讀《循環日報》。[18]1881年,李鴻章(1823-1901)重要幕僚馬建忠(1845-1899)出訪南洋考察時,途經香港,亦與王韜結交,又參觀《循環日報》報館。[19]無論海內外,王韜藉其著作及出版,都已是名重當世。

對香港本土事務的參與

王韜在海內外享負盛名,於香港亦陸續參與不同的本土事務。1870年代,隨著香港發展日進,華民人口增加,華人的醫療需求亦日益加劇。1872年,由華人社群領袖發起組織的醫療慈善團體——東華醫院成立。黃勝為籌辦其事之「倡建總理」之一,王韜及後獲舉為首屆董事局協理,成為少數沒有行商背景的成員。王氏在局中逗留兩屆,一直至第三屆方完全退出。[20]今日之東華醫院文物局仍然高懸王韜當日寫就的楹聯,以資紀念。另外,在1881年,香港總督軒尼詩(John P. Hennessy, 1834-1891)以中央書院(Central School)內華人學子漸多,遂於書院內特設中

文科，以王韜及伍廷芳出任考官。[21]

　　概而總之，香港對於王韜之事業發展十分關鍵。因著香港為殖民地而自外於清廷統治，王氏逃過通緝之餘，得以繼續留在華人社會生活，同時吸收西方新知，發揮所長。得力於與理雅各之合作，王韜以其深厚之舊學訓練，藉協助翻譯推展了中西文化之重要交流；同時並能出遊歐洲，大開眼界。自西國回港後，王韜作〈華夷辨〉一文，直指「華夷之辨，其不在地之內外，而繫於禮之有無……苟有禮也，夷可進為華，苟無禮也，華則變為夷，豈可沾沾自大，厚己以薄人哉？」[22] 從而發展出有別於同代士人之世界觀。而且，王韜更在英華書院之印務基礎上興辦出版；又藉香港之緊接西方資訊，迅即編成《普法戰記》一書，並創立《循環日報》，在海內外建立名聲。香港既為王韜之事業創造條件，王氏亦如林啟彥所指，「克服了傳統與現代的斷層，會通中西文化的隔閡」，成就其角色地位。[23]

王韜在港的生活與思想轉折

　　不過，此種克服實在經過一番思想及生活的波折。王韜逃亡香港後，先入住書院同工任瑞圖家，後遷往中環鴨巴甸街（Aberdeen Street）長居。此間單位狹小，隨後王氏將家眷自上海接來時，就更形難堪。[24] 時王韜記曰：

> 我初來時厭此十性惡，常畏煩熱委頓病洩嘔。瘦妻嬌女啼哭思舊土，一家四人臥床無一廋。半椽矮屋月費半萬錢，風逼炊煙入戶難開眸。木中蟻虱嚙人若錐利，爬搔肌膚往往至血流。[25]

王氏初抵香港，首先就水土不服，舉家致病，甚至木蝨為患，肌膚破血；並慘歷樓價高企之苦，月費半萬錢方得一擠迫居所，於是王韜自嘲所居為「遯窟」。[26] 不過，王氏在此惡劣環境下仍然努力為學，翻譯著書。其婿錢徵在《遯窟讕言·跋》中記載 1873 年訪其家時寫道：

> 癸酉冬十二月，徵附輪舶渡重洋，見先生於香海旅次。……次日便挈遊「遯窟」，即先生讀書處也。屋不甚軒敞，顧後枕山麓，前俯海嶠，估帆番舶，時往來於眉睫間，亦足豁胸臆，破岑寂也。几上書籍，鱗次紛積約寸許，禿筆數十支，顛倒橫陳於故紙中。四壁俱嵌以文木櫃，而各有籤記，蓋庋以珍函焉。几之旁，又積有束卷如牛腰然，披閱之，則皆先生平時之著述，大都析經義者十之四，講詞章者十之二，曠覽閱今、發為偉論者十之三，余則耳聞目見，信筆直書而已。

王韜之翻譯及出版事業，今日觀之輝煌，但在當時，就是在上述之狹小單位中，層層書堆下，艱苦成就。

幸而，王氏亦漸在困境中苦中作樂。在其遷往香港將近十載時，王韜致書友伴，談及其居，說道：

> 此間爽氣當空，秋光正麗，香海浮槎，別開人境，層巒列屋，時入畫圖，每值宵中，涼如月珪，平波若鏡。樓居風景，殊豁遠懷。[27]

到 1887 年，時王韜已遷回上海，在其憶述一生旅途、再提及其香港故居環境時，亦只有美好記憶了：

> 余居在山腰，多植榕樹，窗外芭蕉數本，嫩綠可愛。[28]

學而優則仕？王韜對官宦名位的執著

王韜另外的掙扎在於其對入仕為官等傳統觀念的執著。雖然王氏對中國各種現代事業的貢獻顯赫，然而其心理始終局限於士人一貫考取功名、致君廟堂的理想。王韜為舊學出身，原本亦想循科舉步步入仕。可惜自從考得秀才入縣學之後，就未能考上舉人，未得任官資格。1848年起，王韜開始於上海為倫敦傳道會從事編校工作，但心底始終覺得不齒為「夷人」效勞，且亦深受輿論鄙薄。其向親友剖白道：「今人得溫飽便不識名節為何物，可嗤可惜，我今亦蹈此轍，能不令人訾我短耶？」[29] 甚至「論者猶謂附腥慕羶，兼金可致，蒙污韜垢，故轍頓移，物議沸騰，難以置喙」[30]，於是一直希望繼續科考，或投得名臣幕下，擺脫困境，屢屢上書道台督撫言事，希望見用。[31] 王韜之上書「天國」，或多或少亦有投機鑽營之意。可是獻策既為清廷得悉，王氏旋為欽犯，逃亡香港，從此更與科考官場無望。

流落香港之後，王韜仍為此難堪。寫在寓港十年（1873）之際，王氏想及昔時同學之今日成就與自己身世，就詩曰：

> 十年放逐名心死，兩袖淒惶空淚泛。
> 同學諸君半蛟虎，爭誇西笑向長安。[32]

當年在鄉間相識的同學，不少在朝廷任職。如華衡芳（1833-1902）、李善蘭（1810-1882）、張斯桂（1818-1888）等，早就在曾國藩幕中。至1873年，李氏已官至戶部郎中，張氏亦為沈葆楨（1820-1879）賞識而供職於福州船政廠。惟獨王氏自己，卻流落香港，委身異處。及至1879年，王韜仍然希望回朝入仕，其藉助丁日昌（1823-1882）的推薦，試圖

在總理衙門或沈氏幕下得獲取用，可惜始終不果。[33]

　　直至 1883 年，王韜多番努力後，在馬建忠的關照下，終得李鴻章同意，返回上海，並出任格致書院院長，結束長達二十一年的流亡生涯。[34]

王韜的香港觀察

　　王韜在港二十餘年，留下之文字繁多，形容香港之生活與風光的亦是不少。但最為系統的描述，必推〈香港略論〉。〈略論〉一篇，將香港之地理形勢、英人管治之各方面都細緻描述，字裏行間都表現出對港英治理的欣賞。就官制及司法而言：

　　　英人既割此島，倚為外府，創建衙署，設立兵防，其官文有總督，武有總兵，皆有副貳。有臬司，有巡理廳，有輔政司，有政務司，此外有佐理堂，有創例堂，皆所以輔贊總督者也。有量地官度地建屋、修葺道路，有庫務司總理港中稅餉，有船政廳稽司大小船艦出入。臬憲之外，有提刑官、僚佐官，更立陪審之人十有二員，以習法之律正充其事，而民間所舉公正之紳士，亦得與焉，專在持法嚴明，定案鞠獄，期無妄濫。有錢債衙專理商民逋欠事，有虧國餉者亦即在是衙比追，而民間所有罰款亦由是衙以歸庫務。有巡捕廳專管巡丁，港中晝夜有丁役分班邏察，往來如織。有司獄專管獄囚，一歲中犯案千百，狴犴每至充斥，顧訊鞠之時，不先鞭撲，定案後，以罪之輕重為笞之多寡、禁之久暫，有在獄終身不釋者，故刑法鮮死罪，惟海盜在立決例，法所不宥。此外又有官醫及驗屍官，遇民間自戕謀死命案，剖腹審視，以釋疑竇。其設官之繁密如此。

王韜逃亡香港時，殖民政府已經營香港二十年，各種制度已漸具規模。如王氏所見，總督手下之文官系統已甚完備，無論日常行政、地方建設、財政庫務都有法度，此比起當時中國簡陋之地方州縣衙門，自然有過之而無不及。司法方面，英方為達致完全掌控，於是將整套英國法制用於香港，無形中引入了西方的先進系統，其法醫技術、陪審團制度、審訊運作都係英式。其時中國之地方法庭仍由縣官主理，平民但能聽訟不能陪審，又往往濫用刑求逼供疑犯，英國之法制畢竟更善，王韜亦對之留下深刻印象，特別詳述。另外，王氏還關注兵防警政，又讚嘆其周詳完備：

> 下環兩旁多兵房。山半以石室儲火藥，甚謹固。最高山頂建立一旗，專設員兵，俾司瞭望。兵房外，環列巨炮，逢期演習，分別功賞，餉糈餉頗厚，足以自給。軍中皆許攜婦人。其所調遣之兵，大抵本港之外，雜以印度黑人，皆以壯健才武者應其選。自山麓至巔，每相距數十武輒立木柱，繫以鐵線，聯綴比屬，相互不斷，是曰電氣通標，用遞警信，頃刻可達。其兵防之周詳如此。

市民生活方面，王韜雖不乏批評之處，但大體依然十分欣賞：

> 港中之屋，層次櫛比，隨山高下，參差如雁戶。華民所居者率多小如蝸舍，密若蜂房。計一椽之賃，月必費十余金，故一屋中多者常至十八家，少亦二三家，同居異爨。尋寸之地，而一家之男婦老稚，眠食盥浴，咸聚處其中，有若蠱之在蘭，蟻之蟄穴，非復人類所居。蓋寸地寸金，其貴莫名，地球中當首推及之矣。泉脈發之山巔，流至博胡林、黃泥涌數處，皆以鐵筒置地中，引之貫注，延接流入各家，華民則每街

之旁建聚水石池，以機激之，沛然立至，汲用不窮。於上環建煤氣局，夜間街市燈火，咸以煤氣炷燃，光耀如晝，仰望山巔，燦列若繁星，尤為可觀。港中無田賦，但計地納稅，量屋徵銀，分四季，首月貢之於官，號曰國餉。此外水火悉有輸納，大抵民屋一間，歲必輸以十金，稅亦準是，行鋪倍之。他如榷酤征煙，其餉尤重。妓館悉詣官領牌，按月輸銀。下至艇子、輿夫、負販、傭豎，無不歲給以牌，月徵其課。所謂取之務盡錙銖，算之幾無遺纖悉。其賦稅之繁旺如此。

王氏自身都飽受香港樓價高企之苦，在此亦不忘提到其「寸地寸金」，市民所費不菲卻只得尺寸之地，如住蟻穴，「非復人類所居」。不過，始終香港市政如水道及煤氣、電燈之設備完善，夜晚更燈火通明，亮麗如晝，營就可觀夜景。香港之休憩地方亦規劃華美。王韜就提到：

> 博胡林地處山腰，林樹叢茂，泉水淙潺，英人構別墅其間，為逭暑消夏之所。此外有環馬場，周約二十餘里，日暮飆車怒馬馳騁往來以為樂，每歲賽馬其間，多在孟春和煦之時，士女便娟，其集如雲，遠近趨觀，爭相讚羨。總督又創葺園囿一所，廣袤百頃，花木崇綺，遊人均得入覽。其遊歷之地咸備又如此。

薄扶林之山水甚為王氏讚美。而今日之跑馬地馬場於 1846 年已經建成，賽馬成為在港英人的重要餘興節目。賽馬活動雲集各方貴人士女，如城中盛事，王韜顯然亦享受其中。總督府外之花園開放予公眾，名為「公家花園」（Public Garden, 即今動植物公園），因此內裏之華美花木，市民都可觀賞，實是與眾同樂。王韜乃稱譽之「其遊歷之地咸備又如此」。

更為可貴的是，華民之固有文化風俗在此地亦可繼續相沿發展。於是祖先祭祀、新春拜賀，以及年中各種節日，都在保留，節慶盛況亦燦然可觀：

> 港中華民之寄居者，雖咸守英人約束，然仍沿華俗不變，不獨衣冠飲食已也。如崇神佛則有廟宇，祀祖先則有祭享，正朔時日，無一不準諸內地。元旦亦行拜賀禮，爆竹喧闐，徹於宵旦。令節佳辰，歡呼慶賞。每歲中元，設月盂蘭勝會，競麗爭奇，萬金輕於一擲。太平山左右，皆曲院中人所居，樓閣參差，笙歌騰沸，粉白黛綠，充牣其中。旁則酒肆連比，以杏花樓為巨擘，異饌嘉肴，咄嗟可辦，偶遇客來，取之如寄。

最後，王韜慨嘆，昔日之中國棄土今日竟然成為此繁華「雄鎮」，可見所關乎全在於人為。由此勉勵治國者，應鑒此香港之得失，好好治理國家：

> 居是邦者，率以財雄，每脫略禮文，迂嗤道德。值江、浙多故，衣冠之避難至粵者，附海舶來，必道香港，遂為孔道。香港不設關市，無譏察征索之煩，行賈者樂出其境，於是各口通商之地，亦於香港首屈一指。前之所謂棄土者，今成雄鎮，洵乎在人為之哉！
>
> 甫里逸民曰：香港一隅，僻懸海外，非若濠鏡之與內邑毗連也。在昔者，獸所窟，洛所藪，山赭石礫，穨號土惡，人跡所不樂居，朝廷亦度外置之，無所顧惜。然必俟其息兵講好，而後割而畀之，則誠重之也……夫當日焚煙之舉，原未免持之太促。激忿釀變，一發難收，此雖非始議者所及料，然亦不得不任其咎。然則居今日者將奈何？惟鑒前則後

平，惟懼外則內寧，必修己而後治民，必自強而後睦鄰。[35]

　　香港在王韜此等南來文人看來，總是引起對國事之關懷反思。正如王宏志指出，無論王韜如何欣賞香港，都並未以香港為家，晚年仍努力返回鄉間終老。而且在其對香港的敘述中，始終以中國視野看待，絕無以香港為本土的意識。[36] 正如是篇〈略論〉，開首就道：「甫里逸民東遊粵海，荏苒三年，旅居多暇，勤涉書史。以香港僻在一隅，紀述者罕，於是旁諏故老，延訪遺聞，成《香港略論》一篇，聊以備荒隅掌故雲爾。」以中國為中心，因此香港「僻在一隅」；以香港歸屬粵海，王氏稱流落香港為「東遊粵海」。此一種強烈的中國意識，為一眾南來知識群體看待香港的主調。

參考資料及延伸閱讀

　　林啟彥、黃文江編：《王韜與近代世界》（香港：香港教育圖書公司，2000）。

　　方行、湯志鈞整理：《王韜日記》（北京：中華書局，1987）。

　　Paul A. Cohen, *Between Tradition and Modernity: Wang T'ao and Reform in Late Ch'ing China* (Cambridge: Harvard University Press, 1974).

註 釋

1 張芾，字黼候、小浦，號筱坡，道光十五年（1835）進士，曾任戶部、吏部及刑部左侍郎及江西巡撫。1844 年時為江蘇學政，而得識王韜。張氏生平見《清史稿》，卷 399，〈張芾傳〉。

2 王氏家世見張志春編：《王韜年譜》（石家莊：河北教育出版社，1994），頁 3-4。其弟身故後作〈哭舍弟詻卿〉一詩悼之，見《王韜年譜》，頁 53。

3 同上，頁 35、38、43、45。

4 同上，頁 61-64。

5 Wong Man-kong, *James Legge: A Pioneer at Crossroads of East and West* (Hong Kong: Hong Kong Educational Pub. Co., 1996), pp.141-146.

6 王韜：〈送西儒理雅各回國序〉，載氏著、楚流等選註：《弢園文錄外編》（瀋陽：遼寧人民版社，1994），頁 316。

7 余英時：〈香港與中國學術研究〉，載劉青峰、關小春編：《轉化中的香港：身分與秩序的再尋求》（香港：中文大學出版社，1998），頁 44-45。

8 Helen E. Legge, *James Legge: Missionary and Scholar* (London: The Religious Tract Society, 1905), pp.42-43.

9 王韜：〈物外清遊〉，載氏著：《漫遊隨錄圖記》（濟南：山東畫報出版社，2004），頁 39。

10 有關兩人晚年之交往，可參李志剛：〈從王韜晚年五札探其與理雅各牧師的交往〉，載林啟彥、黃文江編：《王韜與近代世界》（香港：香港教育圖書公司，2000）頁 453-478。

11 蘇精：〈從英華書院到中華印務總局〉，載林啟彥、黃文江編：《王韜與近代世界》，頁 300-304。

12　同上，頁 310。

13　林國輝：〈十九世紀末上海文人在香港 —— 王韜的香港羈蹤〉，載林啟彥、黃文江編：《王韜與近代世界》，頁 418-419。

14　蔣英豪編：《黃遵憲師友記》（香港：中文大學出版社，2002），頁 184。

15　周佳榮：〈在香港與王韜會面 —— 中日兩國名士的訪港紀錄〉，載林啟彥、黃文江編：《王韜與近代世界》，頁 391-392。

16　1881 年 4 月 27 日（辛巳三月二十九日），王韜致理雅各信札，載李志剛：〈從王韜晚年五札探其與理雅各牧師的交往〉附錄，頁 470。

17　李圭：《環遊地球新錄》（長沙：湖南人民出版社，1980），卷四，〈東行日記〉，頁 157。

18　郭嵩燾：《倫敦與巴黎日記》（長沙：岳麓書社，1984），頁 967。

19　王韜與以上各人之香港相會，詳參周佳榮：〈在香港與王韜會面 —— 中日兩國名士的訪港紀錄〉，頁 379-388。

20　林國輝：〈十九世紀末上海文人在香港 —— 王韜的香港羈蹤〉，頁 420。

21　同上，頁 426。

22　王韜：〈華夷辨〉，載氏著、楚流等選註：《弢園文錄外編》，頁 387。

23　林啟彥：〈王韜與香港〉，載「香港史天地」，期 4，《華僑日報》，1991 年 1 月 21 日。

24　王妻林琳偕二女於王韜在港安頓三個月後，於 1863 年 1 月亦自上海來港。見張志春編：《王韜年譜》，頁 70。

25　方行、湯志鈞整理：《王韜日記》（北京：中華書局，1987），頁 211。

26　同上，頁 210：「吁嗟絕島，乃我容身。僦屋半椽，榜曰遯窟。」

27　王韜：〈寄余雲眉內翰〉，載氏著：《弢園尺牘》（台北：文海出版社，1983），頁 345。

28　王韜：〈香海羈旅〉，載氏著：《漫遊隨錄圖記》，頁 32。

29　王韜：〈與諗卿舍弟〉，載氏著：《弢園尺牘》，頁 51-52。

30　王韜：〈與楊三醒逋〉，同上，頁 53。

31　如 1858 年，在已為麥都思工作逾十年後，王韜聞上海縣欲修邑志，即視為「此不可失之機」，兩度上書道台吳健彰（1791-1866）；翌年又藉故上書江蘇巡撫徐有壬（1800-1860）論天下事。見張志春編：《王韜年譜》，頁 44-46。

32　摘自《蘅華館日記》，轉引自汪榮祖：〈王韜與近代中國知識分子〉，載林啟彥、黃文江編：《王韜與近代世界》，頁 41。

33　張志春編：《王韜年譜》，頁 134-135。

34　同上，頁 145。

35　王韜：〈香港略論〉，載氏著、楚流等選註：《弢園文錄外編》，頁 261-264。

36　王宏志：〈「蕞爾絕島」：王韜的香港論述〉，載氏著：《歷史的沉重：從香港看中國大陸的香港史論述》（香港：牛津大學出版社，2000），頁 215-226。

黃遵憲與李圭

——感懷香港、獲取新知的晚清外交官

直至二十世紀初，上環蘇杭街仍掛滿象徵清朝之黃龍旗。（高添強提供）

王韜在香港各界長袖善舞，與其相交的晚清外交官，對香港亦留下深刻印象。晚清之世，整個東亞都在西方列強的衝擊下遭逢巨變。過去一直運作的朝貢體系迅即崩潰，中國無法再主導東亞，更被迫納入以西方為中心的環球國際秩序當中。變局之下，中國奮力嘗試理解並融入新的世界格局，連連派出各級官員出訪外洋、設置領事，造就一批走在時勢前沿的新式外交官員。無論其出國考察或係遠洋赴任，都屢屢途經香港，而各有刺激。其中黃遵憲見國土淪喪，而生家愁國恨，感慨萬千；李圭則將香港之郵政制度引入清廷。各種思想情懷，再次說明香港此地的獨特角色。以下先由黃遵憲說起。

黃遵憲與其香港感懷

黃遵憲（1848-1905），字公度，號人境廬主人、東海公、法時尚任齋主人等。廣東嘉應州人，先世出入官商。曾祖與祖父都經商為業，父鴻藻，字雁賓，則先後任戶部主事及署廣西思恩府知府。弟遵模，字采汀，為廣西候補知府；三弟遵楷，字牖達，署福建廈門同知。雖未為顯赫，但一家官宦。[1]

黃遵憲幼年從鄉間蒙學，習經、史、詩文，詩才尤令塾師驚異，並以早慧知名，里中號為才子。[2]然而其童年並不順遂。年三歲時（1850），太平天國之亂起，兩廣騷動；及後太平軍兩陷嘉應（1859及1866），州中死者以千計。戰亂之後，家道由是中落。[3]黃氏期間一直修習理學，力於科舉。期間隨父遊歷，結識時為翰林院編修之何如璋，並得與李鴻章面見，得到賞識。二十九歲之年（1876），黃氏中舉，及後並任參贊隨何氏出使日本，從而展開外交生涯，先後遠駐日本、美國、英國及新加坡，於外務多所創獲。[4]

黃氏於日本駐任五年，廣與日本各界結交，著有《日本國志》及《日本雜事詩》等作，成為晚清著名的日本通事。[5] 期間著力請清廷留心日本之患，並力主強硬對付日本對琉球及朝鮮的舉動，但始終不果。1881年，黃遵憲調任美國三藩市總領事，創發華僑歸國護照，確立對華僑之保護政策。隨後又出駐英國及新加坡，繼續著力華僑事務，並助建新加坡之保良局。[6]

　　甲午戰爭後，黃氏被調回國，任江寧洋務局總辦，於是兼涉洋務實業。及後又與康有為、梁啟超結交，參與維新派之強學會與《時務報》。戊戌變法期間於湖南以按察使之身，力助巡撫陳寶箴（1831-1900）推動新政。然而維新政變後，被指有與康、梁密謀，援引英、日勢力而遭拿問，後兩國為保留清廷內之親英日派系，於是出面干涉，黃遵憲得以免罪。[7] 不過，黃氏從此退出官場，各方多番邀請下亦不再復出，專心學問著述。1905年病逝家中，終年五十八歲。[8] 黃遵憲幼子璇泰（1888-1960），字季偉，在1949年後遷來香港，居於元朗。吳天任編黃遵憲年譜及文集時，黃璇泰曾提供資料，並為之作跋。[9]

黃遵憲的香港感懷

　　黃遵憲一生中數度經過香港，每每留下詩作詠港。黃氏除卻以其外交閱歷著稱之外，亦是晚清重要詩人。其《人境廬詩草》有各種版本流傳至今。梁啟超曾稱道：「近世詩人，能鎔鑄新思想入舊風格者，當推黃公度」；「公度之詩，獨闢境界，卓然自立於二十世紀詩界中，群推為大家」。[10] 1870年黃氏至廣州赴鄉試時曾途經香港，於是留下著名的〈香港感懷十首〉；1885年其駐美領事任滿回國，又途徑香港，再有詩作〈到香港〉；1890年，薛福成（1838-1894）出使歐洲考察，自上海乘法國輪船放洋，黃氏於香港登輪隨行，又有詩〈自香港登舟感懷〉。

黃遵憲之詠港詩豐富地表達了其因香港失陷而生的國愁家恨。1870年黃氏首次過港，其時尚未中舉，更未出使。其時留下之〈香港感懷十首〉，深刻見其本身的國家關懷：

其一

彈指樓台現，飛來何處峰？為誰刈蔡蓲，遍地出芙蓉。<small>以鴉片肇禍，開港後進港益多。</small>方丈三神地，諸侯百里封。居然成重鎮，高壘矗狼烽。

其二

豈欲珠崖棄，其如城下盟。帆檣通萬國，壁壘逼三城。虎穴人雄據，鴻溝界未明。<small>割地以後，每以海界爭論。</small>傳聞哀痛詔，猶灑淚縱橫。<small>宣廟遺詔，深以棄香港為恥。</small>

詩中之小字註為黃遵憲所下，使詩文意義更為清楚。黃氏抵香港，最先即憶起鴉片戰後，清廷被迫簽訂「城下盟」而割地之種種，心情沉痛；想到宣宗（宣廟）道光（愛新覺羅·旻寧，1782-1850；1820-1850在位）遺詔以棄守香港為恥一事，更是「灑淚縱橫」。黃氏心中之悲憤躍然紙上。

隨後筆觸一轉，寫城中的處處西洋人事，中國傳統以來的華夷心態又自然浮現：

其三

酋長虬鬚客，豪商碧眼胡。金輪銘武后，<small>香港城名域多利，即女主名也。</small>寶塔禮耶穌。火樹銀花耀，氈夜繡纊鋪。五丁開鑿後，欲界亦仙都。

其四

盜喜逋逃藪，兵誇曳落河。官尊大呼藥，<small>官之尊者亦稱總督。</small>客聚眾妻

羅。王面鑴金寶，蠻腰跨革靴。斑斕衣服異，關吏莫誰何。_{港不設關。}

其五

沸地笙歌海，排山酒肉林。連環屯萬室，_{地勢如環，故上中下環。}尺土過千金。民氣多羶行，夷言學鳥音。黃標千萬積，翻訝屋沉沉。

黃氏所見，香港實亦繁華，「沸地笙歌」，「尺土千金」；又燈火璀璨，「火樹銀花」，如在「仙都」。然而城中「豪商碧眼」，四處「夷言鳥音」，衣飾怪異，仍然令其感慨，此地再非漢境。不過，黃氏同時亦已看出香港之獨特優勢所在：

其九

指北黃龍飲，從西天馬來。飛輪齊鼓浪，祝炮日鳴雷。_{凡他國軍艦初至，必然炮二十一響，以敬地主，西人名曰祝炮。}中外通喉舌，縱橫積貨財。登高遙望海，大地故恢恢。

其時香港海岸車水馬龍，列國艦隻都取道此地，再向北往上海、天津，如黃氏所述的「飛輪鼓浪，祝炮鳴雷」；而這全因香港是為「喉舌」，駁通中外，並由此「縱橫積貨財」。在感懷之餘，亦見黃遵憲的深刻洞察力。其時黃氏尚未為官，不過廿二歲。

此一香港之行最後引起黃氏深思，感懷的最後一首指：

其十

遣使初求地，高皇全盛時。_{乾隆四十八年（作者按：應作「五十八」），英遣使馬甘尼來朝，即以乞地為言。}六州誰鑄錯？一慟失燕脂。鑿空蠶叢闢，噓雲蜃氣奇。山頭風獵獵，猶自誤龍旗。

到底失去香港，係誰是誰非？黃遵憲想起，乾隆五十八年時英使馬甘尼（George Macartney, 1737-1806）來華，曾提出在廣州或舟山附近讓英商居住及存貨以便商貿，而清廷斷然不許；但始終中國仍然痛失「燕脂」（借指香港），此實係清廷之誤。而且，最後亦是英人「鑿空開闢」，將原來蠻荒的香港如蜃氣一般幻化成一繁華都會。

　　黃遵憲這種國家情懷，貫徹其所有詠港詩作。1885 年，其駐美領事任滿回國，又途徑香港。其〈到香港〉謂：

> 水是堯時日夏時，衣冠又是漢官儀。
> 登樓四望真吾土，不見黃龍上大旗。

　　此次則是感慨雖然身著中國官服，山水鄉土亦是古來中國所有，然而所懸掛已非中國清廷的黃龍旗，再次流露國土淪喪之悲。香港之繁華新奇縱使令黃遵憲留下深刻印象，但中國被迫割地的事實，無論是為官前後，始終令其心中充滿悲情。

李圭、香港與清廷新式郵政

　　相較黃遵憲，香港未引起李圭強烈的國仇家恨，不過就引起其對現代郵政的關注。李圭（1842-1903），字小也，江蘇江寧人，本為浙江海寧知州。後受江寧海關稅務司好博遜（Herbert E. Hobson, 1844-1922）之聘，就在海關供職。1876 年，值美國獨立百周年慶，當局於是在簽訂《獨立宣言》之費城舉辦博覽會，邀請世界各國參與。海關總稅務司赫德（Robert Hart, 1835-1911）後選派李氏為代表，率團訪問參觀。李圭於是出洋，並著《環遊地球新錄》一書記錄出洋經歷，成為了解晚清國人之

出洋遊歷的另一參照。回國後並以州同知銜，在薛福成幕下出任洋務委員，成為洋務派的技術官僚。曾隨薛氏參與中法越南戰爭（1883-1885），並在同知任內興修水利，惠及地方農業。[11]

有關李氏之記載今日所餘不多，惟就其《環遊地球新錄》今人可較細緻地了解其出洋見聞與反思。李圭之代表團一行於 1876 年 5 月乘日本三菱公司之「宜發達號」於上海出發，經日本東渡太平洋抵達美國，除費城外更訪問了華盛頓、紐約及三藩市等，然後過大西洋遊覽倫敦、巴黎，沿地中海直下印度洋及南洋歸國，以八個月航行時間，成為晚清中國少數真正環繞地球一圈的人，親歷證明地球為圓體此一當時中國尚未廣為接受的事實，直接改變了其世界觀。其謂：「地形如球，環日而行。日不動而地動，我中華明此理者固亦不乏人，而不信是說者十常八九。初圭亦頗疑之，今奉差出使，得環球而遊焉，乃信。」[12] 李圭乃是當時能親身感受新知識而開眼界的士人。

李圭的香港見聞

李圭在環球一周後，經香港歸國。抵港時，即對香港兩岸的璀璨燈火為之讚嘆：

> 進口，右首為香港，左首為九龍司。海中商船多隻，檣如插箸，一望無際。聚市之處，屋皆三、四層，背山面海，鱗次櫛比。至晚燈火齊明，由海濱層疊而上，不下數千萬盞，大觀也。[13]

如同黃遵憲，李圭對香港的繁華璀璨留下深刻印象。此外，李圭又有遊覽時稱「公家花園」的香港動植物公園，對之亦頗為欣賞：「地方不甚大，亦尚幽靜娛目。」[14] 並在期間遇上王韜，正如前章所述。

約攝於 1905 年的「兵頭花園」，今香港動植物公園。（張順光提供）

李圭與中國現代郵政的建立

李圭遊歷香港不過兩日，其實對此認識未深，不過後來即建議清廷參考香港引入現代郵政制度。中國過去並無如今日一樣官方承辦的民用郵政服務。傳統以來的驛站系統為官方通訊渠道，且以軍事用途為主，唐代以降即隸屬兵部。民間需要投遞信件或包裹，就依靠私人商辦的各類民信局。晚清以來，中國商貿大開，各地通信及貨運服務的需求日切，於是希望官方承辦、提供低廉又統一的郵政服務以便利民間通信及商務發展的呼聲日高。事實上，英國自 1840 年率先發展公共郵政服務之後，就見其利甚豐。其以低至一便士的郵費投寄全英國本土，吸引各界選用，不單大力刺激商貿及民間通信，亦令政府賺取額外收益。歐美及世界各國見之亦隨而建立各自的公共郵遞服務，終於有 1874 年萬國郵政聯盟（General Postal Union, 1878 年改名為 Universal Postal Union）的建立。盟國協議以統一的標準訂立郵費，並認可成員國的郵票，給予國際郵件與本地平郵同一待遇，標誌現代國際郵遞體系的建立。[15]1842 年英國正式取得香港後，亦隨即將香港納入其郵政系統，成立香港郵政局（Hong Kong Post Office），為公眾提供郵遞服務，更承諾五十六天內將郵件送抵歐洲，是為東亞最早的現代郵政機構。[16]

1861 年，赫德於上海就任清廷海關總務司後，旋即建議清廷建立公共郵政，然而朝廷未能意識其重要，於是未許。但隨著上述需要日增，加上與西方的接觸日切，興辦郵政一事終被提上日程。1875 年，英國駐華領事之翻譯官馬嘉理（Augustus R. Margary, 1846-1875）於雲南被殺一案，引起國際衝突。赫德建議清廷以建立公共郵政方便商貿，改善形象，以向西方社會表達善意，緩和事件。此建議雖取得李鴻章認同，但後來又不了了之。[17]1885 年，時於薛福成幕中任洋務委員之李圭，條陳建立現代郵政，再令此事成為朝議。

基於中國未有公共郵遞服務，1860年起，各國都在租界自行設置郵務局。然而隨著列強在華權益及事務擴大，租界郵政負擔日高，各國都有呼聲希望中國發展郵政。加上國際間已漸確認郵務為國家基本責任，更期望清廷承擔其事。同時作為收回利權的舉措，國內亦有意見認為應收回郵政權力。在此背景下，1885年郵政再成為議題。前述李圭在香港遊歷之際雖未提及郵務，然而及後卻有關注香港郵政。1885年，海關稅務司葛顯禮（Henry C. J. Kopsch）再次提議要清廷建立公共郵政，並開始將香港郵政局的業務指引翻譯成中文。李圭知悉其益，聞訊後加入其事，並負責註釋文案。譯文完成後名為〈譯擬郵政局寄信條規〉，李氏將其鈔錄並向薛福成條陳。[18] 由於為李氏呈上，該章程曾被稱為「李圭條規」。[19] 葛顯禮並向總稅務司赫德提出，日後成立之郵政局應以李圭出任總辦。[20] 薛福成遂上奏建議，並強調已取得英日共識，在國家郵政建立後，將能收回郵政利權。不過經總理衙門內反覆討論，朝廷始終集中於海軍等事，並未認真看待郵務，李圭等條陳始終未有實行。

及至1895年，清廷於甲午戰敗，中國陷入另一場深刻的反省及改革風潮。赫德於是再上奏郵政建議，得張之洞等人支持，李氏之條陳方才切實施行。[21] 1896年得光緒帝允諾，翌年大清郵政官局始得設立。雖然拖延十年，且葛李二人所翻譯之章程最終亦未有完全應用，但亦對後來落實之《大清郵政章程》有所影響，依然反映出香港對當時中國改革的影響。[22]

黃遵憲與李圭兩位外交官員的香港閱歷，說明了南來知識群體的典型特徵。香港以殖民地之身早受西洋新政，在制度建設等方面都獨步中國；且既為東亞都會、商貿重港，其繁華榮景亦相當耀眼，種種進步往往在南來群體中留下深刻印象。黃遵憲在詩作中對之嘖嘖稱奇，李圭亦由香港引進了現代郵政。但同時，香港的發展始終基於清廷喪權、中

1911 年落成的香港第三代郵政總局（鄭寶鴻提供）

國凌夷，黃遵憲乃在敬仰香港發展的同時，流露深刻悲憤。既憤慨又欣賞，此又愛又恨，可說是中國知識分子對香港常見的複雜心情。

參考資料及延伸閱讀

鄭海麟：《黃遵憲與近代中國》（北京：生活・讀書・新知三聯書店，1988）。

張堂錡：《黃遵憲及其詩研究》（台北：文史哲出版社，1991）。

吳天任編：《清黃公度先生遵憲年譜》（台北：台灣商務印書館，1985）。

李圭：《環遊地球新錄》（長沙：湖南人民出版社，1980）。

Cheng Ying-wan, *Postal Communication in China and its Modernization, 1860-1896* (Cambridge, Mass.: East Asian Research Center, Harvard University, 1970).

註　釋

1　　吳天任編：《清黃公度先生遵憲年譜》（台北：台灣商務印書館，1985），頁 1-2。

2　　同上，頁 6-7。

3　　同上，頁 10。

4　　同上，頁 25。

5　　黃遵憲所著之有關日本的著作在國內迅即得到不少注意。據吳天任考證，《日本國志》完成後即分鈔本送總理各國事務衙門、李鴻章及張之洞，隨後又有光緒二十四年（1898）浙江官書局與上海圖書集成印局之鉛印本；而《日本雜事詩》今日可考，曾經存在的版本亦可見光緒五年（1879）之同文館聚珍本、光緒六年（1880）香港《循環日報》本、光緒十一年（1885）之悟州自刊本、光緒二十三年（1897）長沙的坊刻本及西政叢書本等等，可見其著流傳之廣。見吳天任編：《清黃公度先生遵憲年譜》，頁 53、141；頁 132-134。

6　　同上，頁 80-86。

7　　同上，頁 139-141。

8　　同上，頁 228-229。

9　　蔣英豪編：《黃遵憲師友記》（香港：中文大學出版社，2002），頁 71。

10　梁啟超：〈飲冰室詩話〉（北京：人民出版社，1980），頁 24。

11　（民國）《杭州府志》，卷 122，頁 4880。

12　李圭．《環遊地球新錄》，卷四，〈地球圖說〉，頁 158-159。

13　同上，〈東行日記〉，頁 157。

14　同上。

15 Cheng Ying-wan, *Postal Communication in China and its Modernization, 1860-1896* (Cambridge, Mass.: East Asian Research Center, Harvard University, 1970), pp.1-3.

16 同上,頁 50-57。

17 同上,頁 70-72。

18 〈1885 年 2 月 4 日浙海稅務司葛顯禮呈赫德第 24 號〉;〈1885 年 7 月 14 日浙海稅務司葛顯禮呈赫德第 78 號〉,載中國近代經濟史資料叢刊編輯委員會編:《中國海關與郵政》(北京:科學出版社,1961),頁 29-37。

19 〈譯擬郵政局寄信條規〉,《上海集郵》,1996 年第 4 期,頁 36。

20 〈1885 年 7 月 14 日浙海稅務司葛顯禮呈赫德第 78 號〉,頁 36-37。

21 Cheng Ying-wan, *Postal Communication in China and its Modernization*, pp.96-97.

22 《譯擬郵政局寄信條規》,頁 36;關於兩份章程之比較,見晏星:〈李圭譯擬「寄信條規」和初版「大清郵政章程」的比較研究〉,《郵政研究》(台北),期 42,1991 年 12 月,頁 81-105。

寨城官員

——嗟嘆香江的弱國戌將

民國初年的九龍寨城（高添強提供）

在十九世紀南來或途徑香港的官方群體中，除卻外交使節，尚有代表清廷權威駐紮於此的九龍寨城官員。香港殖民地的建立基礎係英國的軍事擴張，中國亦自然以武力應對，在香港島割讓後於九龍設置要塞營陣以彈壓列強侵迫，形成一批專任針對香港殖民地的武備官員。其雖在國境南端，但肩負重任，身在西方勢力的前沿，充分感受到當下時局的內外張力。可惜其所留下的紀錄不多，以下惟將駐紮九龍寨城的清廷協將與巡檢作一群體，伸論其在香港的各種經歷，以及對時勢的各樣反思。

寨城官員的歷史由來

中國朝廷之於九龍設官，源遠流長。早於北宋，就在九龍設置官富鹽場，由鹽官主理，後來更有南宋二帝流落其地的故事流傳。元代起，改置巡檢司。巡檢為州縣官員副貳，下轄弓兵負責緝盜治安，顯示地方政府系統已直接下達九龍。明清兩代基本皆沿其制。但清初朝廷為孤立台灣鄭成功（1624-1662）的反清勢力，命令東南沿海居民內遷，位處九龍的官富巡檢司亦隨之而廢置。由於使得沿海百姓流離失所，康熙八年（1669）逐步復界，十年（1671）重置官富巡檢司，隸屬廣東新安縣，但司署不再設於九龍而在今日深圳南頭附近。其管屬村落約三百條，如今的香港全境都包括其中。[1]

嘉慶十五年（1810），因為海盜為患，朝廷於今日九龍灣之海濱設置寨兵炮台，九龍冒升為重要的軍事陣地，寨軍更在後來之鴉片戰爭（1839-1842）中協力擊退來襲九龍之英艦。[2] 九龍軍力既能發揮作用，在清廷戰敗而割讓香港島後，乃迅即被藉重，重整旗鼓。道光二十三年（1843），朝廷將官富巡檢移駐九龍，改為九龍巡檢。巡檢作為縣府代表，聯同於道光二十年（1840）成立的九龍駐軍大鵬協，令九龍成為深圳河以南清

廷管治的軍政核心。[3]二十六年（1846），清廷為進一步強固九龍防衛，乃於今日的九龍城建置石城要塞「九龍寨城」，協將巡檢都同署其中。

　　駐寨官員的背景還需自清代軍制中理解。有清一代，朝廷的省域駐軍主要為八旗與綠營兩支。八旗以滿人為主，入軍後安於逸樂而腐化，乃依賴向漢民百姓徵召而為的綠營為主力。綠營以標、協、營、汛為四級編制，受總督及巡撫節制；軍階以提督、總兵、副將、參將、遊擊等等上下相維，大抵提督領一省軍事，副將掌一協兵馬。進駐九龍的大鵬協副將，官拜從二品，屬廣東提督之下，管有兩營。左營鎮大鵬所（今深圳南澳大鵬古城），右營駐東涌。所轄西至內伶仃山，今日整個香港都包括在內。[4]至於九龍巡檢司，如前述為州縣副貳，官秩從九品。作為安定地方治安的官員，有對案件初步刑訊的權力，但正式審判裁決均須交州縣官處理。[5]香港割讓後，深圳河以南各處仍然為九龍巡檢管屬。而寨城既為軍事要塞，則由副將主持。

　　九龍之協軍副將名單，經黃君健所考，可見如下：

表一　九龍寨城大鵬協副將名單（1847-1899）[6]

姓名	籍貫	任期
王鵬年	廣東省瓊州府瓊山縣	1847
馬玉麟（1800 年生）	廣東省廣州府新會縣	1847-1848
洪名香	廣東省潮州府南澳縣	1848
溫賢	廣東省惠州府陸豐縣	1851
張玉堂（1794-1870）	廣東省惠州府歸善縣	1854-1866
潘慶（1869 年卒）	廣東省羅定州	1859
許穎陞	廣東省高州府電白縣	1860
賴鎮邊（1888 年卒）	廣東省廣州府東莞縣	1869-1882
劉裕安	廣東省廣州府新安縣	1870
雷氏	不詳	1870
彭氏	不詳	1875

姓名	籍貫	任期
鄭耀祥（1818-1886）	廣東省潮州府南澳縣	1883-1886
何長清（1909年卒）	廣東省廣州府香山縣	1886、1888、1891
吉氏	不詳	1892
林氏	不詳	1894
陳氏	不詳	1894

可見九龍協將大多都係廣東人，但轉遷頻仍，以至常有一年幾任副將，惟張玉堂與賴鎮邊得以長駐。各協副將可由武科舉進士中選任，但更多為無武科功名，出身行伍步步升遷。[7]以張玉堂為例，道光六年（1826）初授虎門協把總（正七品），輾轉二十餘年方升至大鵬協副將。賴鎮邊亦出身行伍，初得補藍翎千總（正六品），轉輾江南各地，十年後方升任副將。[8]因此鎮守九龍的大鵬協副將大多應有各種地方歷練。至於九龍巡檢名單，可見蕭國健所考：

表二　九龍巡檢司名單（1843-1899）[9]

姓名	籍貫	出身	任期
許文深	不詳	不詳	1847
章振玉	安徽省池州府	捐職	1850
周錫璞	四川省建昌府	監生	1852
宋銓	江蘇省鎮江府	捐職	1855
孫錦文	順天府	監生	1859
馮文熙	順天府	監生	1859
崇譽	漢軍鑲紅旗	監生	1860
劉良芭	四川省建昌府	監生	1865
李振玉	順天府	捐職	1865
吳久松	江蘇省常州府	監生	1865
龔敦茂	順天府	監生	1868
徐鈞燦	江蘇省江寧府	監生	1868

姓名	籍貫	出身	任期
俞鳳書	浙江省	捐職	1871
馬騰蛟	河南省	監生	1871
周蘭	不詳	不詳	1873
陳徵文	江蘇吳縣	不詳	1892

有別於協將，巡檢作為不過從九品的州縣副官，大部分選任自各地的官學生，少數則捐官授職，其歷練明顯不及上述協將。此兩者軍文二職即構成了九龍寨城官員的主體，參與管治深圳河以南的土地。及至 1899 年，英國藉八國聯軍之役拓展殖民地界址，佔領新界。九龍寨城官員被英軍驅趕，結束中國對九龍主權的宣示；大鵬協改鎮他處，九龍巡檢司亦被裁撤。

九龍寨城的角色與作用

寨城雖為清廷置於前線的防禦要塞，但駐軍並不多，正規兵員不過二百人。[10] 加上晚清軍隊的廣泛腐化，武備廢弛，以致其所真正發揮的作用不大。十九世紀中葉，太平軍亂起，廣東三合會亦趁機掀起浩大的起事。咸豐四年（1854）七月，羅亞添率惠州三合會眾進攻九龍，寨城就迅即陷落。起事之眾不過散兵遊勇，佔城數日後就已四散。但要及至八月，方由張玉堂率領的清軍與僱傭兵重奪寨城。兩年後（1856），英法聯軍之役起，因地方鄉勇集結往九龍試圖開展抗英活動，香港總督寶靈（Sir John Bowing, 1792-1872; 1854-1859 在仕）遂於次年派軍二百人渡海襲擊寨城，並劫持副將張玉堂至香港，其後放回。[11] 寨城內不能平亂，外未能禦侮，其實無法擔當其本來的軍事任務。

英軍佔領九龍寨城，右側建築物為龍津義學。(劉潤和、高添強提供)

不過，九龍寨城官員實亦不止軍事角色。道光二十七年（1847）建城之時，城內之龍津義學亦同時由九龍巡檢司興立。義學之碑刻〈九龍司新建龍津義學敘〉：

> 道光二十三年，夷務靖後，大吏據情入告，改官富為九龍分司。由近量移於遠，築城建署，聚居民以實之。雖備內，不專為禦外，而此中稟承廟謨，計安海宇⋯⋯今年余（新安知縣王銘鼎）奉調視事，巡檢許君文深來言，有龍津義學之建。副將王君鵬年，通判顧君炳章，喬大令應庚及許君捐銀若干為經始，地租歲可得若平以資生徒⋯⋯九龍民夷交涉，人情重貨寶而薄詩書，有以鼓舞作興，則士氣既伸。[12]

由此可見九龍巡檢雖職本捕盜治安，但同時亦興辦義學，希望能振興詩書，鼓舞人文。而駐九龍官員與新安縣各官如知縣、通判等都多所來往，甚而合資辦學。寨城之設因此不單係軍事舉措，客觀上更成聯絡九龍與內地的紐帶。文教之興不止於義學。副將張玉堂時，還於寨城中立一「敬惜字紙亭」，鼓勵民人珍惜字紙；並在亭邊設一爐，著所有字紙不可隨而廢棄，如需毀置則焚之爐火，以示尊重。[13] 張氏更在城中各處刻銘其拳書書法，以自身筆墨獎掖文化。

寨城官員的香港足跡

事實上，由於寨城官員所管轄地远不止九龍，其里寶在今日的香港各處都可見到。張玉堂自稱「翰墨將軍」，甚喜書法，尤是在各地留痕。如今沙田曾大屋的「文魁」與「祥徵萬福」石額，乃至灣仔北帝廟門楣的「玉虛宮」刻書均係張玉堂的手筆。此側面可看出城寨官員昔日的活

動範圍，及其與本地華人社群的網絡。

九龍城的侯王廟尤其集中了各任寨城官員的手跡。廟前刻有「侯王座前」四字的鐵香爐為九龍巡檢許文深所贈；石牆之「一筆鵝」摹刻及堂上「至誠前知」匾額出自大鵬協副將賴鎮邊；另外一幅「折洋鋤盜」木匾則為另一副將何長清所送。

此外，賴鎮邊更嘗贊助長洲的義塚。長洲昔時貿易繁榮，往來商賈頗仍，晚清時就曾於其地設關收稅。然而往來海面，常遇驚濤駭浪擊沉商船，不少人葬身海上，但無人收拾。東莞商人蔡良，經商長洲數十年，於是興建棲流所義塚，以安置屍骸。及後蒞任副將的賴氏聽聞，於是特意相訪，並勸官紳捐款擴建：

> 余（賴鎮邊）於光緒丁丑蒞守九龍，得聆善士之名傳炙人，特訪相會，獲覿眉宇，始識其為商賈中人，樂善依然不倦，深為嘉許；即造冊勸官紳工商捐金，再勸善舉，俾得費用有憑藉，羈魂餒魄露霜，同感春秋，濟眾博施，恩德均沾存沒矣。**14**

綜上所見，寨城官員雖只係武備官員，但同時作為中國朝廷的代表，在民間各處連結官紳，扶助慈善。最明顯的例子，莫過於對九龍樂善堂的支持。

寨城官員與九龍樂善堂

傳統以來，中國民間都有各種慈善事業隨同社群的互助協作開展。晚清以來在中國的沿海商埠亦興起各種扶貧濟弱的機構，如上海的仁濟善堂、佛山的萬善堂或廣州的廣仁善堂等等。早在設置官富鹽場時，就

有民戶隨而遷居九龍。「衙前圍」及「衙前塱」正是隨同官衙發展的村落。明末以降，九龍灣一帶更發展成支援中外貿易的集鎮，因此九龍本身就有其鄉村組織可孕育民間慈善團體。卒自道光二十三年（1843）起，駐大鵬所守將湯叔明已聯絡九龍附近以及蠔涌、沙田、荃灣的鄉紳組織慈善事業。至光緒六年（1880），大鵬協副將賴鎮邊及多位鄉紳聯名重整，地方鄉民終於在九龍城打鐵街建起古祠堂形制的樂善堂。[15] 因此，樂善堂的成立從來就與九龍寨城官員密不可分。

樂善堂成立初期，業務以贈醫施藥為本。樂善堂佔地五千呎，另有耕地萬餘呎，堂內設廠診治；又如港島的文武廟一樣，兼有鄉村議事的角色。故此，樂善堂的善業往往因事而興，事舉停罷，多出於成員自發，並無定制。如光緒二十年（1894）香港爆發鼠疫，死者病患無數，方促使樂善堂增辦助殮服務，於鑽石山設置義墳、義莊。[16] 不過，始終一貫的是，樂善堂的業務運作有賴官方的財政支持。其中龍津石橋的角色尤為關鍵。

石橋的建置象徵九龍區的長足發展。在同治十年（1871），為遏止鴉片等貨物的走私活動，清廷就在香港設立稅關，緝捕違規貨物及徵收商稅，而九龍自然成為其中一關。朝廷既要搜查商船，就需要碼頭供船隻停泊，於是自同治十二年（1873）起興建龍津石橋，歷時兩年竣工，接駁寨城東門至海面，成為九龍的重要通道，令九龍一帶的商貿更形蓬勃。及至光緒十七年（1891），由於十多年來沙石淤積，大船無法停泊，樂善堂於是集資修整擴建，工程完成後得寨城方面特准，每船停泊所需繳之租稅，撥交樂善堂以支持其慈善收益。[17] 由於官方如此協助，樂善堂乃能發展成為九龍重要的慈善機構，以至於今。

約 1910 年左右的龍津石橋（高添強提供）

寨城官員的居港感受

總而言之，寨城官員係針對香港殖民地的擴張而出現。然而由於清廷武備不修、軍力廢弛，以及列強始終船堅炮利非中國可比的基本格局，寨城官員雖肩負武職，身在前線，卻到底無法在軍事上有何建樹。其中積極活躍的官員如張玉堂及賴鎮邊等，只能興辦文教或獎掖慈善，是亦有益社會卻無以盡其本任，更加難以扭轉國家傾頹，惟有坐視英國的步步擴張，割讓九龍再租借新界。由於直面「外夷」威脅，往往激起官員的華夷之辨，希望重振中華，抵制「夷人」。龍津義學的門前對聯，正謂：

> 其猶龍乎？卜他年鯉化蛟騰，盡洗蠻烟蛋雨；
> 是知津也，願從此源尋流溯，平分蘇海韓潮。

在官員眼中，當時香港此地無疑盡為蠻荒，而但願義學可化育文教，他日媲美蘇軾韓愈等大家。而義學之碑記，更直指要興文教以羈縻夷人：

> 九龍民夷交涉，人情重貨寶而薄詩書，有以鼓舞作興，則士氣既伸，而外夷亦得觀感於絃誦聲明，以柔其獷猂之氣。[18]

上述碑記作於道光二十七年（1847），由新安知縣王銘鼎所撰後再嵌壁，可謂代表寨城方面的一種文化宣言。其時中國只嘗新敗，因此字裏行間仍透出官員強烈的文明自信，要以其風教馴服外夷。然而年復年，歷經清廷對外的種種敗績，以及在寨城中面對敵侵的無力，官員日後的文字就傷感得多。寫在1890年代，其時已割讓九龍，時任九龍巡檢陳徵文一首〈嗟九龍〉的五言古詩，委實充滿難堪：

己亥歲仲春，租界許英闢。嗟我九龍民，一朝隸異籍。我觀闤闠屋，計錢賃旅客。歸我操縱權，還我管鑰責。我子暨我弟，悉秉我繩尺。一草與一木，我栽復我伐。事雖小大殊，理豈中西別。胡為逞跋扈，喧賓奪主席。易置我市廛，紊亂我阡陌。言利析秋毫，造律重鍰罰。設官治氓庶，新令布烜赫。水陸張軍威，詎止鴻溝畫。寨城如斗大，畀我自守職。可憐雷池外，半步不能越。豈不定租期？悠悠百載隔。豈不議租值，細比蠅頭覓。一一託空言，無乃惡作劇。試繙萬國法，何有此程式？曩余司權務，六載此寄跡。宋王臺畔遊，俯仰感今昔。鼓棹鯉魚門，沈沙尋折戟。

陳氏回顧九龍割讓，民人一夕歸異，外人侵凌國權，然而官員只能自守於斗大的寨城無能為力。且寨城前的界限街以南已成英土，因此甚至不能越此雷池半步。惟有畔遊宋王臺，懷想古今，乃又憶起抗敵名臣文忠公林則徐：

　　緬懷林文忠，浩歌裂金石。巉巉虎頭巖，陡立疑絕壁。五里上峰巔，手撥白雲積。其陰趨沙田，塗澤殊險僻。循州與寶安，行李可通達。其陽雉堞雄，協戎列戍卒。雖非金湯固，勢可障百粵。極目太平山，潑翠飛嵐色。下為香港地，商賈紛絡繹。回憶前卅年，已畏鼾榻側。今茲藩籬撤，竟逼我內宅。哀哉中東役，我師屢敗績。和議輸鉅貲，司農告匱竭。海軍雖再整，奏效非旦夕。馬步饒精兵，地廣難遍歷。未聞倫敦主，篤好偶助力。乃合諸強鄰，乘間割疆域。朝廷重邦交，相見貴玉帛。廟謨真廣大，淵默非易測。區區越句踐，猶足破讎敵。堂堂我大清，豈終為弱國？[19]

遙想當年林氏抗敵雄姿，但一切已然過去，今日列強繼續進逼，而中國軍事屢為敗績，民人奔走力困於割地賠款。最後惟有以當年越王句踐臥薪嘗膽、韜光養晦的故事自勵，寄望捱過眼前苦難，大清未來不復弱國。可惜事與願違，英國又再展拓新界，寨城官員最後只落得被英軍驅逐的下場。

參考資料及延伸閱讀

趙雨樂、鍾寶賢主編：《香港地區史研究之一：九龍城》（香港：三聯書店，2001）。

陳惠芬：《由「九龍寨城」到「寨城公園」》（香港：著者自刊，2008）。

蕭國健：《寨城印痕——九龍城歷史與古跡》（香港：中華書局，2015）。

Jackie Pullinger, *Crack in the Wall: The Life and Death of Kowloon Walled City* (London: Hodder & Stoughton, 1989).

註 釋

1   蕭國健：〈由「官富」到「九龍」〉，載氏著：《九龍城史論集》（香港：顯朝書室，
     1987），頁 7-10。有關官富巡檢司署所在，可參高添強：〈二十世紀前九龍城地區
     史略〉，載趙雨樂、鍾寶賢主編：《香港地區史研究之一：九龍城》（香港：三聯書
     店，2001），頁 55。

2   高添強：〈二十世紀前九龍城地區史略〉，頁 55。

3   參《大清會典事例》（光緒朝）（北京：中華書局，1991），冊 1，卷 31，吏部
     一五，官制一五，各省知縣等官，「道光二十三年條」，頁 401；冊 7，卷 554，
     兵部一三，官制一三，廣東綠營，「道光二十年條」，頁 188。

4   黃君健：〈試論新界租借前九龍寨城的駐軍與晚清兵制〉，載劉智鵬編：《展拓界
     址：英治新界早期歷史探索》（香港：中華書局，2010），頁 37。

5   高添強：〈二十世紀前九龍城地區史略〉，頁 53。

6   黃君健：〈試論新界租借前九龍寨城的駐軍與晚清兵制〉，頁 41。

7   見李林：《「干城之選」——清代武科舉之設計、運用及功效》（香港：香港中文大
     學博士論文，2014），頁 248。李氏以光緒七年各級武職的出身統計，指出其時
     全國一百一十六名副將中，只有十六人出身武舉，而有八十人出身行伍。其餘為
     捐納、生員等各途徑出身。

8   蕭國健：〈龍城鎮將〉，載氏著：《九龍城史論集》，頁 56-58。

9   蕭國健：〈由「官富」到「九龍」〉，頁 21。

10   黃君健：〈試論新界租借前九龍寨城的駐軍與晚清兵制〉，頁 38。

11   高添強：〈二十世紀前九龍城地區史略〉，頁 60。

12   王銘鼎：〈九龍司新建龍津義學敘〉，載九龍城區議會：《九龍城區風物志》（香港：

九龍城區議會，2005），頁 69。

13　張玉堂：〈敬惜字紙銘〉，同上。

14　賴鎮邊：〈創建栖流所義塚記〉，轉引自蕭國健：〈龍城鎮將〉，頁 63。

15　趙雨樂、鍾寶賢：《龍城樂善 —— 早期九龍城與樂善堂研究》（香港：衛奕信勳爵文物信託研究計劃，2000），頁 53。

16　趙雨樂：〈九龍城地標之一：樂善堂〉，載趙雨樂、鍾寶賢主編：《香港地區史研究之一：九龍城》，頁 106。

17　鍾寶賢、高添強：《「龍津橋及其鄰近區域」歷史研究》，頁 38-43，載香港古物古跡辦事處網頁：http://www.amo.gov.hk/form/research_ltsb_surrounding_final.pdf（訪問日期：2015 年 5 月 30 日）。

18　王銘鼎：〈九龍司新建龍津義學敘〉，頁 69。

19　陳徵文：〈嗟九龍〉，載九龍城區議會：《九龍城區風物志》，頁 58。

康有為與梁啟超

——在香港活動的維新黨人

1880 年代的薄扶林水塘（鄭寶鴻提供）

九龍官府在香港深感困迫，然而民間的士人，卻在香港開拓出一片新的政治空間。自甲午戰爭敗陣於日本後，中國朝野震撼，漸而趨向以更新銳迅猛的方針改革，而終有光緒帝支持、康有為及梁啟超等所主持之「戊戌維新」。變法雖以政變告終，然而康、梁及後又與唐才常（1867-1900）等人組織自立軍起事勤王，一直牽動清末政局。民國開新以後，康氏因仍擁護帝制，甚至支持張勳（1854-1923）復辟；而梁氏則投身共和，組政黨入國會，並號召蔡鍔討伐袁世凱（1859-1916）之稱帝，兩人之角色依然顯要。梁啟超更是中國近代傑出之學者與思想家，以其等身之著作，推進中國之學術與思潮。在兩人種種事業當中，香港都充任微妙角色，於其眼中別具位置。康有為之新式思想，則尤是發軔於此。

康有為的香港啟蒙

　　康有為（1858-1927），字廣廈，號長素，廣東南海人。其家世未為顯貴，祖父康贊修不過舉人，父親康達初只係候補知縣，但先祖為士人者十三代，亦可謂書香門戶。[1] 康氏自幼乃飽讀傳統經籍，並隨祖父友人、廣東大儒朱次琦（1807/1810-1881）修習經史理學，為典型以傳統學問出身的文士。[2] 二十二歲那年（1879，光緒五年）於廣東西樵山認識京城朝士張鼎華等人，得聞朝堂掌故，乃生經國大志。其閱讀旨趣於是擴及中國傳統經典以外，而留意西洋譯著及相關書刊。同年並首次遊歷香港，而生深刻印象。自言：

> 薄遊香港，覽西人宮室之瑰麗，道路之整潔，巡捕之嚴密，乃始知西人治國有法度，不得以古舊之夷狄視之。[3]

港英政府之善治開始令康氏明白，西洋絕非中國昔日遇上之蠻夷，而自有其優良之管治方略。事實上，其後康氏即廣購地圖西書，並自言成為其「講西學之基」，可見此次香港遊歷對其思想刺激之深遠。

　　八年後（1887，光緒十三年），於廣東各處遊歷之際，重臨香港，其時香港市容之有序整潔，再次引起康氏對中國落後西方之深刻慨嘆。見詩〈初遊香港睹歐亞各洲俗，己卯冬月〉謂：

> 靈島神皋聚百旄，別峰通電線單微。
> 半空樓閣凌雲起，大海艨艟破浪飛。
> 夾道紅塵馳腰□，沿山綠圍鬧芳菲。
> 傷心信美非吾土，錦帕蠻靴滿目非。[4]

康氏在城中的高樓電線及海上巨輪等現代化器物之間，稱奇道妙，然而詩中後兩句，筆鋒一轉，卻是「傷心信美非吾土」，感慨目下美事非中國所有，城中盡是「錦帕蠻靴」，滿目全非。如同前篇之黃遵憲，康有為在欣賞西方奇幻的現代化氣象之餘，又總係滿懷國事悲情。另一篇〈八月十四香港觀燈〉又見相類情愫：

> 空濛海月上金繩，又看秋宵香港燈。
> 曼衍魚龍陳百戲，參差樓閣倚高層。
> 怕聞清曲何堪客，便繞群花也似僧。
> 歡來獨惜非吾土，看劍高歌醉得曾。[5]

康氏在香港「魚龍曼衍」，「百戲紛陳」的繁華之下，不亦樂乎，然而在喜躍之餘，仍是「歡來獨惜非吾土」。下月重陽，康有為登高太平山，目

見美景，卻又生憂。見〈重九夜登高上太平山〉：

> 月華清澈纖雲收，星斗爛爛明雙眸。
>
> 海汽蒼茫見十洲，欲問飛仙不可求。
>
> 處處銀燈明重廛，別島奇峰難盡搜。
>
> 蓬瀛羽客時淹留，恍如神山海中球。
>
> 我登絕頂生百憂，問天無語聲啾啾。
>
> 閶風何所騁驊騮，便欲乘風據上游。
>
> 被髮大荒何所由，歸路茫茫碧海頭。[6]

在山頂夜景之星華銀燈之前，本來恍如置「神山海中」，然而康氏懷中憂愁又生。此處並未道明是否又再感懷國事。在其作於同年中秋的詩作中，曾自傷寂寞，此中「百憂」或許是五味紛陳，但憂勢傷時，也許亦在其中。總之，觀乎康有為之詩作，對香港先進華美之讚嘆總是轉生愁緒；「惜非吾土」之慨，揮之不去。其前述「始知西人治國有法度，不得以古舊夷狄視之」的覺悟，恐怕正是起於此種強烈衝擊與傷感。日後康氏大力鼓吹模仿西洋、憲政維新，一生為之奔走，其思想方向的起點，可謂就在香港。

康有為的西學識見，吸引了梁啟超。梁啟超（1873-1929），字卓如，號任公、飲冰室主人，廣東新會人。今日銅鑼灣之啟超道，即同為新會人之利希慎（1879-1928）在開發該區時，特意命名以紀念其人。[7]其家世不若康氏，世世務農，直至其祖父方讀書為學。其父寶瑛（1849-1916），於鄉間教授講學，梁氏最先求學即從其父。[8]其十二歲童試中式，十七歲即中舉人，舉業平步青雲。翌年（1890，十八歲）入京應會試，雖下第而歸，但途徑上海，閱不少西書譯著，而始好西學，回廣東後風

今日銅鑼灣之啟超道

聞康有為新學之造詣而拜其門下。[9] 其時康氏尚未中舉人，學歷仍不及梁氏，此番拜問實堪稱破格。康梁二人師徒情誼之建立，本身就已是超前時代。

維新政變與逃亡香港

康有為終日心繫國事，及後終等到機會，站上歷史舞台。1895 年，康有為與梁啟超一同於北京應考會試。時值清軍戰敗北洋，而須割讓台灣、遼東及賠款二萬萬兩之消息傳來，引起在京城之舉子震動，康梁二人更發起聯署上書，要求朝廷拒和、遷都，力戰到底，是為二人直接參與政治運動之始。其後二人一路著書立說，宣揚變法主張，終於得到朝廷賞識。1898 年，由翁同龢（1830-1904）引薦，康有為得以謁見光緒帝，最終得其支持，獲委入軍機處，主持推動一系列制度改革，是為「戊戌維新」。

變法推行期間，康梁有感於慈禧太后處處阻攔，於是謀議動兵將之幽禁，為光緒奪權。然而事機不密，慈禧大力反撲，大捕維新黨人，如康氏親弟康有溥（1867-1898）、譚嗣同（1865-1898）等「戊戌君子」即被捕殺，康梁二人只好出逃流亡。清廷並下詔通緝二人，乃至懸賞三十萬兩捕其歸案；同時下詔訓政，重掌朝廷。康梁聯絡英、日兩國，以圖救援。康有為負責英國，及後南下香港；而梁啟超則主力日本，經天津逃離。康氏香港之行得力於其好友、香港富商何東不少。政變之際，何氏同時派人往南海康家，將其家人接走，安置香港。其後，康有為寓居何宅，何東並復贈「金數千以安羇旅，以濟宗族及供遊貲」[10]。而康氏親弟康有溥於政變遇害之後，亦是有賴何東於香港代其接收遺骨，可見二人交情之深。[11]

英國方面其實曾多方討論如何處理康有為的逃亡。顯然，英方並不欣賞維新運動。如時任港督卜力（Henry A. Blake, 1840-1918）報告殖民地部時，即懷疑若光緒帝及維新黨人果係精明幹練，當能掣肘慈禧而不致離散逃亡。[12] 但同時，在面對清廷的引渡施壓時，外交部亦指出，英國從來有接納各國異見人士的政治自由和光榮傳統。只要不危害本國或引起戰爭，英國並無任何理由屈服。[13] 因此，作為外交姿態，英方一直對康有為施以優容，並一路派兵守護。[14] 康氏方能暫時在香港偷安，並安置其人如此。其母親、妻子與女兒康同薇、康同璧等，此後則一直寓居香港。康氏充分明白香港為接通西方世界之橋樑，於是在香港廣泛接受西方媒體的訪問，大講其政治理念，為光緒説項，並抨擊慈禧。甚至宣稱手握光緒帝兩道密詔，命其往海外求援勤王，力圖製造國際輿論。[15] 香港成為康氏尋求海外援助的跳板之一。

不過，清廷得知康有為在港，即派殺手行刺。事在 1900 年 10 月：

> 某夜，刺客忽至，相距僅尺許。先君（康有為）大呼「閉門」。印警至，賊始走避，門人狄常青及唐才常猶在樓下談也。又買隣房穿地道，擬以炸藥轟之。[16]

於是康氏終覺香港並不安穩，隨後又再轉往日本，並與梁啟超會合。不過康氏及後仍不時來港省親。如康母勞氏患病，於是康有為由加拿大假日本回港相伴，留寓三個月；1903 年又還港省親，並在同年寫成《官制議》一作；翌年又來港居住一月，[17] 期間康有為仍為朝廷欽犯，然而其家人仍能安居香港，不受清廷騷擾，而且康氏亦能常歸港探望。梁啟超之父寶瑛離開新會之後亦流落港澳，最後在香港病逝。[18] 康有為政變失敗逃亡香港，其黨人又安家於此，可見香港其時的殖民地之身，自外於中國

統治，能為康氏等人及家屬提供政治庇護，客觀上延續了維新黨人的政治運動。康梁等人亦已注意到香港的優勢，於是將後來保皇運動的總部設立於此。

香港與保皇會運動

康梁等人在戊戌政變後雖已流亡外地，但國內形勢未有絲毫放緩，政變繼續發酵。慈禧太后仍震怒於朝臣陰謀起兵奪權，一方面仍嚴令緝捕維新黨人，甚至重金懸賞康梁二人之首級；一方面盡除當時支持變法之「帝黨」各人，即使帝師翁同龢亦不能倖免，而被免職。此外，關於太后希望廢除光緒、另立新君的傳言亦甚囂塵上，引起海內外各種猜疑。在種種不利情勢下，康梁等人於是在 1899 年 6 月於加拿大溫哥華成立「保救大清皇帝會」，以籌謀各界尤其動員華僑力量，攘除慈禧，歸政光緒。[19]

組織成立後，在世界各國包括北美、日本、東南亞都遍置分會，而總局則設於港澳。[20] 本來由於其機關刊物《知新報》係設於澳門，因此總局之基地本來亦隨而設於該地。但後因便於匯款及資訊聯繫，漸漸以香港為重心。各種內外匯款及軍械買賣都在香港，其紀錄總冊等等，亦存於此。[21] 香港遂成為康梁勤王運動之重心。

1899 年秋，義和拳亂起，中國又陷入動盪。翌年六月，引致八國聯軍入京，清廷暫遷都西安避難。保皇會遂與唐才常（1867-1900）、汪康年等人組織「自立軍」，密謀興兵起事，廢除慈禧，擁立光緒，促成憲政。是次起事革命派之孫中山等人亦有參與，可謂清末各民間趨新力量之結合。[22] 其時梁啟超即謀議返港指揮行動，並擬設立鐵器公司以方便買賣軍火，又希望仰賴何東的財力。1900 年 4 月，梁啟超函詢康有為：

本會在香港頗有佈置否？據來書所言，似全無之。曉生究仍有相助之心否？現時我輩在澳辦事之人，與港人氣味不甚相投，諒難吸之。而在港無一庄口，實屬不便，不知近有佈置否？弟子頃於入會之外，復擬借公司之名，更集股伙助，現擬開辦一鐵器公司於香港（專販我急需之物），集股二十萬，在檀山招其半，在港、坡招其半，未知曉生、叔子肯為力否？此事乃兩便之道，以生意而論，亦不壞。而藉以助我正事，為香港聚集同志之地，尤大便也。其益處無限無量，望設法更贊成之。[23]

不過康有為仍命梁氏留駐檀香山籌款而未有成行，梁氏一系列建議都未有實行。但足見香港於自立軍起事之角色。

康梁的香港視野

維新派在香港多有活動，康有為尤其在此地留下不少文字與足跡。其第二次來港（1887，光緒十三年）時，就曾到過今日之薄扶林水塘道。其時遺有詩作〈裙帶路〉云：

鑿石為馳道，岩嶢直上天。大旂出頂颱，飛線海中傳。
蓄水潭分管，區丘樹若田。登峰數樓閣，參錯十洲仙。[24]

據 1950 年代出土之〈裙帶路碑〉，裙帶路即係維多尼亞城（Victoria City）一帶，今日於薄扶林道及大潭道等地都見有此碑。詩中既提到「蓄水潭」，而大潭水塘尚未落成，則所指必然是薄扶林水塘。其中「鑿石」所為之「馳道」，應即是薄扶林山路，尤近水塘之山道一帶。

至於戊戌變法後，康有為曾短暫入住中環警署，及後則遷往何東家住。[25] 是時何東住半山西摩道 8 號之「紅屋」，康氏可能亦住其中。

梁啟超亦曾數次來港。1904 年時，其與康有為一同來港，舉行保皇會大會，但逗留大約一月就離開。[26] 另外，民國開新以後，袁世凱卻於1916 年宣布要變換國體，重行君主制，引起國內哄動，反袁運動蜂起。梁啟超於是取道香港前往雲南，與蔡鍔（1882-1916）起兵討袁。在香港期間，由於港府其時戒嚴不許黨人出入，又恐袁系廣東人馬如龍觀光等人之搜捕，梁啟超一直未登上陸地而居於船上，等日本船隻前來，轉乘前往雲南。而就其時梁氏與其女之通信可知，梁啟超於上環永樂街附近置有寓所。當時梁父寶瑛亦居於香港。[27] 同年，梁父在香港逝世，舉喪後送返新會下葬。

在為政事奔走之間，梁啟超亦有注意香港，尤其從廣東的角度分析。1905 年，梁氏著〈世界史上廣東之位置〉一文，認為廣東自中國史角度言，對全國無大影響，又少有出非常人物，可以為一國之輕重。然而自列國交通爭衡言之，廣東自六朝、隋唐以來就在世界航運與交流之前沿，如阿拉伯與印度之商貿勢力在東亞都以廣東為中心。及至宋代，沿海市舶大開，廣東更形重要；而明清之際，西洋各國之傳教士及商人來華，亦是聚集於廣東。在梁氏看來，廣東在其時及未來，亦為世界交通之重鎮。其中香港之角色，尤是顯要：

今之廣東，依然為世界交通之第一等孔道。如唐宋時，航路四接，輪檣充闐。歐洲線、澳洲線、南北美洲線，皆集中於此。香港船吨入口之盛，雖利物浦、紐約、馬賽不能過也。若其對於本國，則自我沿海海運發達以後，其位置既一變；再越數年，蘆漢、粵漢鐵路線接續，其位置又一變。廣東非徒重要世界，抑且重於國中矣。

位於半山西摩道 8 號的何東爵士之私邸「紅屋」，康有為滯港期間可能亦住其中。
（鄭寶鴻提供）

概而總之，康有為之思想啟迪，以及其維新黨人的活動都多方仰賴香港，藉著康梁等人的政治事業，香港在背後參與了中國近代的重要變革。此英國殖民地不但政治自外於中國政府，並早受西方先進的文物制度洗禮，得以令各南來知識群體都蒙受刺激與啟發；而且始終與中國接壤，社會亦以華人為主，各種政治革新團體，都易於融入及利用其中，無論建置組織、策劃運動以至安頓家人，亦方便理想。維新黨人的行動即為顯例，而稍後之革命黨人，又為一例。

參考資料及延伸閱讀

湯志鈞：《康有為傳》（台北：台灣商務印書館，1998）。

張朋園：《梁啟超與清季革命》（台北：中央研究院，1999）。

張朋園：《梁啟超與民國政治》（台北：中央研究院，2006）。

桑兵：《庚子勤王與晚清政局》（北京：北京大學出版社，2009）。

Rebecca E. Karl and Peter Zarrow (eds.), *Rethinking the 1898 Reform Period: Political and Cultural Change in Late Qing China* (Cambridge, Mass.: Harvard University Press, 2002).

註 釋

1 康有為：《康南海自編年譜（外二種）》（北京：中華書局，1992），頁 2。

2 同上，頁 6。

3 同上，頁 9-10。

4 康有為：《康有為全集》（北京：中國人民大學出版社，2007），冊 12，頁 143。

5 同上，頁 149。

6 同上，頁 150。

7 鍾寶賢：《商城故事 —— 銅鑼灣百年變遷》（香港：中華書局，2009），頁 121。

8 吳天任編：《民國梁任公先生啟超年譜》（台北：台灣商務印書館，1988），第一冊，頁 1-9；頁 16-18。

9 同上，頁 29。

10 康有為：《康南海自編年譜》，頁 66。

11 康有為：《康有為全集》，冊 5，頁 12。

12 Blake W, "Escape of Kang Yu Wei", CO129/285, pp.394-397.

13 "Kang Yu Wei", CO129/295, pp.720-721.

14 另外，康有為與輔政司（Colonial Secretary）駱克（James H. S. Lockhart, 1858-1937）亦有私交。康氏就曾於宴席上贈詩予駱克。

15 湯志鈞：《康有為傳》（台北：台灣商務印書館，1998），頁 296-306。

16 康有為：《康南海自編年譜》，頁 73。

17 《康南海自編年譜》相關年份。

18   〈1916 年 3 月 18 日函〉，載沈鵬等編：《梁啟超全集》（北京：北京出版社，
     1999），第十冊，頁 6171。

19   康有為：《康南海自編年譜》，頁 72。

20   〈保皇會草略章程〉，載上海市文物保管委員會編：《康有為與保皇會》（上海：上
     海人民出版社，1982），頁 265。

21   桑兵：〈保皇會港澳總局與勤王運動〉，《近代史研究》，2003 年第 5 期，頁 21-
     22。

22   同上，頁 35-37。

23   吳天任編：《民國梁任公先生啟超年譜》，第一冊，頁 400。

24   康有為：《康有為全集》，冊 12，頁 150。

25   "The Crisis in China: Hong Yau Wei in Hong Kong", *The China Mail*, 30th Sept,
     1898, p.4.

26   吳天任編：《民國梁任公先生啟超年譜》，第一冊，頁 29。

27   〈1916 年 3 月 18 日函〉，載沈鵬等編：《梁啟超全集》，第十冊，頁 6171。

孫中山

——在香港策動革命的先行者

在中央書院就讀的孫中山，時年十八歲。（高添強提供）

在維新變革之際，因中國情勢日益崩壞，扶救清廷愈發無門，更為激進之救亡進路於焉化生。以孫中山等人為首之革命派，乃主張廢除帝制，締建共和，發起連串革命運動，試圖推翻滿清。細究其中，香港此一接受英式制度與教育的地方，就培育出中國最早一批能掌握西學之新知識群體，不獨能向外汲取國外新知，亦能對內向中國傳揚，激起新銳之改革思潮。孫中山在香港進學成長，萌發出強烈的革新意識，並在此策動一系列革命運動，最終令反清風潮席捲全國，將滿清連同運作兩千年的帝制一併摧毀，改變時代走向。

往香港求學

孫文（1866-1925），字載之，號日新、逸仙，流亡日本時曾化名中山樵，因而以「孫中山」一名為世人所知。[1] 出生於廣東香山縣之翠亨村，父親達成（1813-1888），母楊氏（1828-1910），有兄孫眉（1854-1915），姐妙茜（1863-1955）及妹秋綺（1871-1912）。其家世代農耕，嘗自謂：「先人躬耕數代，文於樹藝牧畜諸端，耳濡目染。」[2] 自幼已參與務農，如折取柴草、放牛取蠔等。[3] 但同時，叔父學成（1826-1864）早往美國加州淘金，其兄孫眉亦往夏威夷檀香山謀生，故其家早與西洋扣連。

孫氏七歲（1872）始接受傳統的蒙學教育，十歲入鄉塾，繼而受業於鄉儒程步瀛（1860-1932）等人，習四書五經。時孫氏已聞太平天國老兵談反清軼事，留下深刻印象。[4] 至十四歲（1879）時，與母親楊氏往檀香山投靠其兄。航行間「始見輪舟之奇，滄海之闊，自是有慕西學之心，窮天地之想。」[5] 先後入讀意奧蘭尼學校（Iolani School）及奧阿厚書院（Oahu College）學習英語，是以孫氏早就接受西式教育。寓檀期間，認

識了曾往中國宣教的教師芙蘭諦文（Francis W. Damon），過從甚密，並希望受洗歸依基督教。惟其兄恐其洋化，於是迫其輟學，重返故鄉。[6]

然而孫氏在受到西洋信仰與新知的洗禮後，回鄉間只是更形批判，甚至破壞村中之北帝神像，引起鄉民震怒而被迫離鄉。[7] 孫氏乃赴港繼續學業，先入讀拔萃書室，後轉學中央書院（今皇仁書院），至高中畢業（1886）。及後矢志醫科，入讀廣州之博濟醫院。該院為美國來華傳教士伯駕（Peter Parker, 1804-1889）創辦，為華南地區最早的醫院及醫校。然而，翌年香港西醫書院（今香港大學前身）在何啟（1859-1914）牽頭下成立。孫氏得悉之後，「以其課程較優，其地亦自由」[8]，於是回港進學。其中何啟以及書院之教務長康德黎（James Cantlie, 1851-1926）卻在醫學之外，深刻啟發孫氏的政治興趣。

何啟為香港早期之華人領袖，於英國鴨巴甸大學（University of Aberdeen）修讀醫科，取得倫敦皇家外科醫學院（Royal College of Surgeons）之院士銜；又在倫敦四大法學院之一的林肯法學院（Lincoln's Inn）考取了大律師資格。何啟並與英國下議院議員獲根（John Walkden）之女雅麗絲（Alice Walkden）成婚。回港後，何啟以其對英國政治與法律的認識，自 1887 年起，陸續在報刊上發表不少政論文章，呼籲中國改革。及後更與胡禮垣（1847-1916）合編《新政真詮》一書，主張中國力行憲政。[9] 與此同時，何氏在推動西醫書院的成立之餘，還有開科授課，於是與孫中山多有接觸，對之多所影響。據何啟家婿傅秉常（1896-1965）日後回憶，孫氏「時常談起受何啟教益之種種，自謂其革新思想受何啟之啟發」[10]。另外，康德黎雖未有如何氏一般多樣的歷練，亦常與孫中山熱切討論政治，只是其自謂，「生於『王冠民主』（crown democracy）之下，難以想像有任何政體比之更好」，因而一直向孫氏強調君主憲政的優勢。[11] 同時，孫氏就學期間，又結識陳少白（1869-1934）、尢列（1866-

1890 年左右的中央書院（鄭寶鴻提供）

1936)、楊鶴齡（1868-1934）等，時相聚會，倡議革新中國。孫氏自言：「予與陳、尤、楊三人常住香港，昕夕往還，所談者莫不為革命之言論，所議懷者莫不為革命之思想，所研究者莫不為革命之問題。四人相依甚密，非談革命則無以為歡，數年如一日。故港澳間之戚友交遊，皆呼予等為『四大寇』。」[12] 簡言之，孫中山雖然於香港習醫，但卻同時對政治發展出強烈的興趣。

孫氏此五年間，成績優異，先後獲得屈臣氏獎學金（Watson's Scholarship）、植物學及化學等獎。1892 年終以 "High Distinction" 的榮譽畢業。[13] 時清廷改革重心、北洋大臣兼直隸總督李鴻章為香港西醫書院之名譽贊助，於是一度擬聘用包括孫氏及江英華等首屆西醫書院畢業生。江氏曾憶述，時任港督羅便臣（William Robinson, 1826-1912）曾請託李鴻章聘請孫、江二人，後來允覆，授二人為「五品軍牌」。兩人於是赴京，途中卻為兩廣總督方面刁難，孫於是怒而返港。[14] 後來，孫氏又希望藉此機緣，欲上書並謁見李氏，力陳改革之道。然而因甲午戰爭爆發，又未能成事。兩次與李鴻章失諸交臂後，孫中山無緣身入建制，乃轉而投身革命。

倡導革命

孫氏領導地位的確立

孫中山之革命事業，有賴於各革命志士的合作，早期尤以楊衢雲（1861-1901）與謝纘泰（1872-1938）等輔仁文社社員為重，並在香港經歷連串周折，方可確立其領導身分。楊氏原籍福建海澄，生於香港，早年投考香港海軍船塢，學習機械，但傷手斷指，遂改學繪圖。繼而入聖保羅書院，接受新式教育。先後任職國家書院（即聖若瑟書院）教員、

「四大寇」。前排左起為楊鶴齡、孫中山、陳少白、尢列，後排站立者為關景良。
（高添強提供）

招商局書記及沙宣洋行副理。謝氏則原籍廣東開平，父親於澳洲經商，其人於十六歲回港後入讀中央書院，及後參與創辦了《南華早報》（*South China Morning Post*）。楊謝二人均係香港新式書院出身，因而熟稔，且熱心國事，於是共同創辦了輔仁文社。[15] 文社成立之初，會員只有七人，大多背景與楊謝二人相似，為香港西式學院出身。[16] 楊氏則因為年長，而獲推舉為社長。社內專購置新學書籍，供社員閱讀；並舉行公開會談，議論各種社會課題，諸如戒纏足或西洋火器等，以開通民智為宗旨，是為香港華人設立新學團體之先河。文社成立之際，孫氏亦於香港西醫書院畢業，並在九列介紹下結識楊衢雲。二人相見甚歡，相談達旦，由此與輔仁文社相往來。[17]1894 年，孫中山在夏威夷檀香山成立興中會，正式展開反清運動。翌年回港召集舊友陳少白及楊鶴齡等人，藉以擴大組織，並與楊衢雲及謝纘泰等輔仁文社社員，組建興中會。何啟則為興中會之成立提供法律意見，又介紹香港富商黃詠商加入。黃氏富以財力，購入中環士丹利街 13 號一單位作為興中會會所，又取《易經》中乾元奉行天命，其道乃亨之義，名之為「乾亨行」。會黨發展之初，以孫、楊兩派為重心，為平衡兩派，於是以黃詠商為總辦（會長），開展革命運動。[18]

　　1895 年，興中會隨即準備於廣州起事。何啟雖未有加入會中，卻一直於幕後支持，起草宣言與英文文告，又會見各西報編輯，得《德臣西報》及《士蔑西報》（*Hong Kong Telegraph*）的支持，向列強製造輿論；並請胡禮垣將宣傳革新中國的主張，印成小冊子在內地發行。孫中山本人則與日本駐港領事會面，尋求日本的軍事協助，但得不到正面答覆。革命黨惟有憑其有限資源，試圖進攻廣州。然而起事之日，兩路人馬失約，孫中山即判斷失敗，於是取消行動，然而清軍已行查抄廣州之興中會機關。孫中山等人乃出逃香港，但陸皓東（1868-1895）卻失手被捕。

孫氏隨即往美國駐港領事處，謂陸氏不過電報公司職員，未有造反，請求斡旋。不過陸皓東已然供出反清運動情事，美國領事已無可救援。同時，陸氏又供出孫中山為革命黨首。在清廷壓力下，孫氏此一年前香港西醫書院之傑出畢業生，被港府驅逐出境，流亡日本。楊衢雲與陳少白亦同被逐，分別出走南非與澳門。[19]

雖然革命黨人四散，然而孫氏得以於此後步步經營，確立其於革命黨人中之領導地位。1896 年孫氏於倫敦探望業師康德黎時，為清廷駐英領使拘捕。康氏得悉後設法營救，奔走媒體策動輿論，終使之成為國際事件，令英國外交部必須處理。英方於是聲明清廷無權於英國領土內拘捕孫氏，並向北京施壓，終於令孫氏獲釋。孫氏及後於英國出版《倫敦蒙難記》(*Kidnapped in London*) 追述其被捕及幽禁經過，而在國際間聲名大噪。反觀楊衢雲流亡南非，無所建樹，已無法與孫氏競爭領導權。[20]

兩廣獨立與庚子起事

廣州起事失敗，興中會元氣大傷，然而革命黨人仍然積極籌備起事，並計劃整合湖南、湖北及廣東三省之會黨力量，重振旗鼓。1898年，革命黨人畢永年及日本志士平山周於兩湖各地面見哥老會首領，並領其到香港商議合作。1899 年，陳少白以驅逐令五年之期將屆，亦先化名服部二郎重返香港，加入三合會組織，充任「白扇」(負責出謀劃策)；並在宮崎寅藏的主持下，將興中會、三合會及兩湖之哥老會聯合組成興漢會，仍奉孫中山為總會長，以「驅逐韃虜，恢復中華」為號，立意反清。[21]

1900 年庚子拳亂，列強入侵，中國震動。各路革新派系，無論康梁之立憲派或是孫中山之革命派，都密謀乘機起事。亂事之際，東南省督撫劉坤一、張之洞為避免兵禍，遂與列強簽訂《東南互補章程》，協議互

不侵犯。時任兩廣總督之李鴻章亦表態支持。清廷中央與地方大吏之間已然決裂。革命黨人於是文武並舉，一方面試圖策動南方各督撫獨立，又與康梁一派聯手於惠州起事。

何啟與胡禮垣此時重印《新政真詮》，呼籲各省分治，更主張粵省應先自保；更向陳少白建議，興中會應與李鴻章以兩廣自立，合作救國。[22] 李鴻章同時亦透過幕僚劉學詢，聯繫時在日本的孫中山，表示願意會談。孫氏乃乘船返港，先由宮崎寅藏及內田良平等日本志士與劉氏在廣州開始商討。劉氏更代表李鴻章答應向革命黨人貸款十萬兩。[23] 香港總督卜力亦熱切參與，遊說李鴻章以及爭取英廷對兩廣獨立的支持。然而，八國聯軍之役後，李鴻章為清廷召往北上出任直隸總督，主持議和，於是轉而放棄獨立大計。李氏經香港北上，至港與港督卜力會晤，表明放棄兩廣獨立，李孫二人之合作終告無望。[24] 革命黨人乃改為集中發動惠州起事，以策應康梁與自立軍的勤王起事。孫氏並離港赴日，負責搜購軍火送港支援。興中會在港成員則成立「同義興松柏公司」，購置軍火，並向各路人馬發放糧餉。可惜是次起事亦因軍火不支，日方曾答應之援助不繼，終而失敗。鄭士良、黃福等領袖連同四五百義軍相繼逃到香港避難。[25] 然而有被捕黨人供出楊衢雲的參與，楊氏於是在翌年被清廷之刺客在上環結志街暗殺。

楊氏死後，楊派是以更為低落，謝纘泰成為興中會內之楊派領袖。謝氏終決定與孫中山分道揚鑣，自行發動起事。謝父日昌為三合會資深成員。謝纘泰於是藉父親之力動員三合會成員，並認識了太平天國「天王」洪秀全之從侄洪春魁（1835-1904）。洪氏曾受封瑛王，參與太平軍，後流落香港。洪氏受謝氏邀請後旋即答應，於德忌笠街20號四樓設立機關，號為「和記棧」，並改己名為「福全」，以為託洪秀全福蔭之意。謝、洪等人於是在1902年起事謀求進攻廣州，然而亦失敗告終，兩人逃亡香

港。此後謝父憂憤成疾病逝，謝氏亦從此退出革命行列，轉而創辦《南華早報》，繼續以文字鼓吹革命。楊派於革命黨中完全退落。洪春魁亦於香港病逝，下葬於跑馬地墳場。[26]

同盟會的革命運動

雖然經歷屢次挫敗，革命黨人繼續嘗試各種反清路向。1905 年興中會、華興會等革命團體結合，於東京成立中國同盟會，同年並於香港置同盟會分會，由香港興中會改組而成，負責策應廣東、廣西、福建等省的革命活動。此香港分部，先後由陳少白與馮自由（1882-1958）出任會長，會社設於士丹利街 24 號之《中國日報》報社。孫氏本人則外遊日本及美加，爭取各地募款及支持，及後亦多次出入香港，但已少有停留。及後至 1907 年，又派胡漢民（1879-1936）與汪精衛（1883-1944）駐港，進一步發展會務，廣收黨員籌備革命。1909 年，又以各同盟會分部會務繁重，決定重整組織，在中國分設東、南、西、北、中五支部，而以香港為南方支部，仍以胡漢民任支部部長，汪精衛則為書記，設會址於灣仔鵝頸橋。1911 年初，為全力再行於廣州起事，又於香港設統籌部，以革命黨二號人物黃興（1874-1916）出任部長。[27] 香港同盟會繼續係南方革命運動的基地和中心。

自 1905 年以來，香港同盟會策動了潮州（1907 年 2 月）、黃岡（1907 年 5 月）及惠州七女湖（1907 年 6 月）起義；又策動新軍叛變，而有廣州新軍之役（1910 年 2 月），以及廣州黃花崗之役（1911 年 4 月），成功令廣東一直躁動不安。1911 年 10 月，武昌起事成功之後，湖南、陝西隨即宣佈獨立，山西、江西、雲南、貴州、江蘇及浙江、安徽各省亦跟隨反清，革命派形勢大振。胡漢民等人乘勢於兩廣各地起事進迫；另外據香港《循環日報》散佈指，革命軍已攻陷北京，宣統帝（愛新

辛亥革命兩個月後，孫中山與當時港府輔政司施勳（前排左一）、何啟（後排左
一）等攝於督憲府。（劉潤和、高添強提供）

覺羅・溥儀，1906-1967；1908-1912 在位）已然駕崩。此一假消息隨即傳遍港、澳、兩廣，最終促使兩廣總督張鳴岐（1875-1945）易幟獨立。香港於兩廣投誠，亦有密切關係。[28]

港英政府與革命運動

　　與前篇之維新派行事一樣，革命黨人之所以能在香港進行連串運動，仍仰賴港英方的包容態度。英國通過兩次對華戰爭（1839 及 1856 年），確立了其在中國的優越地位。除卻獲得香港殖民地，更幾乎壟斷對華貿易，在長江流域享有特殊利益，並掌握著中國的稅關。因此，一直以來英國對華政策的基本原則，就在於要維護其固有利益，並不願見清廷受挑戰動搖。是以在倫敦之立場，本來並不願支持任何威脅北京政府之勢力。再者，英方多認為孫氏之革命理想徒託空言，並沒有實踐可能。如英國駐北京公使朱爾典（John Jordan, 1906-1920 在位），就致函外交部批評孫氏只能空談，並不了解中國，亦無治國才能；相反只有袁世凱才能管治中國。

　　然而殖民地部與港府由香港之當前實際利益出發，卻有不同理解。歷任港督都希望拓展香港殖民地之疆界，如卜力在履行《展拓香港界址專條》、以武力接收新界後，即有進一步侵佔深圳與沙頭角之野心。再加上，如能在華南建立一親英政權，必然更有利於香港發展。是以即使港府在外交部壓力下，自 1895 年廣州乙未起事後下令驅逐孫氏，令其在民國建立前都不能踏足香港；然而在李鴻章意欲聯結革命黨人、獨立兩廣一事，港督卜力卻積極居中聯絡，又多番向殖民地部及外交部為孫中山及革命黨人美言。在惠州起事失敗之後，數百名革命黨人退回香港，雖然有數人被捕，但全被獲釋。而楊衢雲被刺殺後，卜力調查兩年，查悉

係兩廣總督德壽所派，並要求英廷向北京施壓懲兇，客觀上警戒了廣東官府不可貿然派刺客到港。可見，港府屢屢違反英廷外交部之大原則，寬鬆對待革命黨人，使其事業得以舒展。事實上，即使卜力以外，歷任港督都未有禁止革命運動。香港的殖民地背景，成為革命得以成功的重要關鍵。[29]

孫中山眼中的香港

香港對於辛亥革命的重要，於孫中山的解釋中最清楚不過。1924年，孫中山途經香港，受港督司徒拔（Reginald E. Stubbs, 1876-1947）邀請，於香港大學之陸佑堂演講。此一篇〈在香港大學的演說〉成為解說孫氏眼中香港的最佳證詞：

> 我此時無異遊於寧家，因為香港及香港大學，乃我知識之誕生地也。我本未預備演說，但願答覆一問題，此問題即前此屢有人向我提出，而現時聽眾中亦必有許多人欲發此問者。
>
> 我以前從未能予此問題以一相當答覆，而今日則能之。問題為何？即我於何時及如何而得革命思想及新思想是也。我之此等思想發源地即為香港。至於如何得之，則我於三十年前在香港讀書，暇時輒閒步市街，見其秩序整齊，建築閎美，工作進步不斷，腦海中留有甚深之印象。我每年回故里香山二次，兩地相較，情形迥異，香港整齊而安穩，香山反是。我在里中時竟須自作警察以自衛，時時留意防身之器完好否。我恆默念香山、香港相距僅五十英里，何以如此不同？外人能在七八十年間在一荒島上成此偉績，中國以四千年之文明，乃無一地如香港者，其故安在？

我曾一度勸其鄉中父老，為小規模之改良工作，如修橋、造路等，父老韙之，但謂無錢辦事。我乃於放假時自告奮勇，並得他人之助，冀以自己之勞力貫徹主張。顧修路之事涉及鄰村土地，頓起糾葛，遂將此計劃作罷。未幾我又呈請於縣令，縣令深表同情，允於幾次假期中助之進行。迨假期既屆，縣令適又更迭，新縣官乃行賄五萬元買得此缺者，我無復希望，只得回香港，由市政之研究進而為政治之研究。研究結果，知香港政府官員皆潔己奉公，貪贓納賄之事絕無僅有，此與中國情形正相反。蓋中國官員以貪贓納賄為常事，而潔己奉公為變例也。我至是乃思向高級官員一試，迨試諸省政府，知其腐敗尤甚於官僚。最後而北京，則見滿清政治下之齷齪，更百倍於廣州，於是覺悟鄉村政治乃中國政治中最清潔者，愈高則愈齷齪。

　　又聞諸長老，英國及歐洲之良政治，並非固有者，乃人經營而改變之耳。從前英國政治亦復腐敗惡劣，顧英人愛自由，僉曰：「吾人不復能忍耐此等事，必有以更張之」。有志竟成，卒達目的。我因此遂作一想曰：「曷為吾人不能改革中國之惡政治耶？」

　　中國對於世界他處之良好事物皆可模仿，而最要之先著，厥為改變政府。現社會中最有力之物，即為一組織良好之政府，中國則並無良政府，數百年來只有敗壞一切之惡政府。我因此於大學畢業後，即決計拋棄其醫人生涯，而從事於醫國事業。由此可知我之革命思想完全得之香港也。[30]

　　此為解釋孫中山革命思想源起之名篇，向來多所引用。然而，正如熱切投入革命黨之馮自由日後憶述，在 1895 年以前，「中國革命黨人向未採用『革命』二字為名稱」，「黨人均沿用『造反』或『起義』、『光復』等名詞」。[31] 當代學者陳建華亦指出，從現存文字資料而言，孫中山本人

在 1903 年以前亦從未曾使用「革命」二字。[32] 可見，日後孫中山此一演講，實是溢美之辭，誇張了其早年的革命意識。事實上，考諸孫氏早年之活動，本未有激烈之革命傾向，亦曾兩度上書當朝官員，希望改革朝政。1890 年，孫中山向時於廣東養病之洋務官員鄭藻如（1824-1894）建言，但所指不過興辦農業、廣設學校以及勸誡民眾停服鴉片。[33] 又，正如前述，孫中山及後又上書李鴻章，甚至在西醫書院畢業後，曾願意投於李氏幕僚之下。因此，孫氏早年在香港，並未已明確反清，意欲革命，似乎仍希望先行革新清廷，徐圖後計。其實，由改革漸而革命本係晚清知識分子普遍之思想歷程，極為自然，孫氏不過係又一例子。不過，正如前文所論，香港當然對孫中山之思想影響深遠，其革新之意識與志向，都受此地啟發，只是需要更準確説明其中關係而已。

革命黨的在港足跡

孫中山與黨人之革命運動既常以香港為中心，因此於香港留有極多足跡。雖然至今多已面目全非，但可考者仍然可觀。如就孫氏之少年經歷而言，其入讀之各家院校，及與師友聚會之地，今仍可知。孫氏於 1883 年入讀之中央書院，時建於歌賦街 44 號。孫氏等「四大寇」常於楊鶴齡之祖店楊耀記暢談國事，楊耀記位於今日歌賦街 8 號。孫氏後來入讀之香港西醫書院，位於荷李活道 77-80 號。香港興中會會址，則位於士丹頓街 13 號。中國同盟會南方支部，設於灣仔鵝頸橋。其足跡可謂遍佈香港。

參考資料及延伸閱讀

李金強：《一生難忘：孫中山在香港的求學與革命》（香港：孫中山紀念館，2008）。

莫世祥：《中山革命在香港》（香港：三聯書店，2011）。

鮑紹霖、李金強、林啟彥編：《有志竟成——孫中山、辛亥革命與近代中國》（香港：香港中國近代史學會，2006）。

Lee Lai To and Lee Hock Guan (eds.), *Sun Yat-Sen, Nanyang and the 1911 Revolution* (Singapore: Institute of Southeast Asian Studies, 2011).

Harold Z. Schiffrin, *Sun Yat-Sen and the Origins of the Chinese Revolution* (Berkeley: University of California Press, 1968).

註　釋

1　最早將孫姓與「中山」二字連用者係清末譯介孫氏反清事跡之章士釗（1881-1973）。其曾回憶道：「顧吾貿貿然以『中山』綴於『孫』下，而牽連讀之曰：『孫中山』。始也，廣眾話言；繼而連章記載。大抵如此稱謂，自信不疑。頃之一呼百諾，習慣自然。」見章氏著：〈疏《黃帝魂》〉，載《辛亥革命回憶錄》（北京：中華書局，1962），第 1 集，頁 243。有謂不應以「孫中山」稱孫氏，皆因其畢生從未以此自稱。然而考其文書，孫氏實屢有以「中山」署名，可見中國社科院近代史所等編：《孫中山全集》（北京：中華書局，1981），卷 1，頁 480；頁 482-485 等。

2　見〈上李鴻章書〉，載中國社科院近代史所等編：《孫中山全集》，卷 1，頁 18。

3　尚明軒編：《孫中山年譜》（北京：中華書局，1980），頁 5。

4　據革命黨人之日本忠實志士宮崎寅藏回憶，孫氏嘗謂其革命念頭來自太平天國的老兵。見宮崎寅藏著、陳鵬仁譯：《宮崎滔天論孫中山與黃興》（台北：正中書局，1977），頁 6。

5　孫中山：〈覆翟理斯函〉，載中國社科院近代史所等編：《孫中山全集》，卷 1，頁 47。

6　〈孫中山在檀事略〉，中國國民黨中央委員會黨史史料編纂委員會編：《革命文獻》（台北：編者自刊，1989），輯 3，頁 279。

7　簡又文：〈國父的青年時期〉（中），《新希望》，期 56（1955），頁 4-5。

8　〈建國方略〉，載中國社科院近代史所等編：《孫中山全集》，卷 7，頁 229。

9　有關何啟與胡禮垣判中國變法改革的投入，可參李金強：〈香港華人與中國 —— 何啟、胡禮垣個案之研究〉，載氏著：《書生報國 —— 中國近代變革思想之源起》（福州：福建教育出版社，2001），頁 40-56。

10　沈雲龍等編：《傅秉常先生訪問紀錄》（台北：中央研究院近史所口述歷史叢書，

1993），頁 10。

11　譯自康德黎夫婦之著作，見 James Cantlie and C. Sheridan Jones, *Sun Yat-sen and the Awakening of China* (New York; Chicago: Fleming H. Revell Co., 1912), p.118。

12　中國社科院近代史所等編：《孫中山全集》，卷 6，頁 229。

13　孫中山其時之求學經歷，參李金強：《一生難忘：孫中山在香港的求學與革命》（香港：孫中山紀念館，2008），頁 55-62。

14　莫世祥：《中山革命在香港》（香港：三聯書店，2011），頁 55。

15　李金強：《一生難忘：孫中山在香港的求學與革命》，頁 89-90。

16　關於輔仁文社社員人數之考證，參莫世祥：《中山革命在香港》，頁 35-38。

17　尤列：〈楊衢雲略史〉，尤嘉博編：《尤列集》（香港：編者自刊，1987），頁 226-227。

18　莫世祥：《中山革命在香港》，頁 70-71。

19　同上，頁 72-86；陳少白之流亡經歷，參施德芸編：〈陳少白年譜〉，載《陳少白先生哀思錄》（香港：出版地缺，1976），頁 5。

20　莫世祥：《中山革命在香港》，頁 88-89。

21　施德芸編：〈陳少白年譜〉，頁 7。

22　馮自由：《革命逸史》（北京：中華書局，1981），第 4 集，頁 88。

23　內田良平著、丁賢俊譯：〈中國革命〉，載《近代史資料》（北京：中國社會科學出版社，1987），總 66 號，頁 46。

24　吳志華：〈香港總督的美意 —— 港英政府對孫中山革命的態度〉，載鮑紹霖、李金強、林啟彥編：《有志竟成 —— 孫中山、辛亥革命與近代中國》（香港：香港中國近代史學會，2006），下冊，頁 627-628。

25　莫世祥：《中山革命在香港》，頁 114、120。

26　同上，頁 131-140。

27　李金強：《一生難忘：孫中山在香港的求學與革命》，頁 144-149。

28　莫世祥：《中山革命在香港》，頁 224-231。

29　吳志華：〈香港總督的美意 —— 港英政府對孫中山革命的態度〉，頁 624-639。

30　中國社科院近代史所等編：《孫中山全集》，卷 7，頁 115-117。

31　馮自由：〈革命二字之由來〉，載氏著：《革命逸史》，第 4 集，頁 6。

32　陳建華：《革命的現代性：中國革命話語考論》（上海：上海古籍出版社，2000），
　　頁 106。

33　有關孫中山早年之改革思想，可參李金強：〈孫中山之早期思想 —— 農業改良言論
　　探討（1887-1895）〉，載氏著：《書生報國 —— 中國近代變革思想之源起》，頁
　　145-155。

陳鏸勳

——為香港首撰華文史志的商業才俊

陳鏸勳曾擔任東華醫院總理之職。圖為約 1890 年的東華醫院總理。(高添強提供)

香港今日以金融中心自傲世界，其發跡早源於開埠之初。自香港關成殖民地起，就得在英廷令下設為自由港（free port），財貨物流都可免稅進出。憑藉大英帝國的環球商貿擴張，以及所背靠的廣大中國腹地，香港迅速發展為東亞重要商港，相關之銀行及保險行業亦蓬勃茁壯，蔚為大觀。在南來知識群體當中，就有在香港成長為現代新式的商業才俊，正如本篇關注的南海人陳鏸勳（1906 年卒）。有關陳氏的記載並不多，過去但因其所著的《香港雜記》為首篇華文香港史志而為人所知，然對其背景認識相當模糊。今日惟有以各種零散的資料重組其生平輪廓。

陳鏸勳與輔仁文社

陳鏸勳，字曉雲，以字行，生年未明，為廣東南海縣人。自言「肄業香江」，又「涉獵西文」，可能曾於香港的西式書院就學。其《雜記》於輔仁文社寫成，即未加入其中，至少彼此亦關係密切。陳氏顯然都屬當時的新式知識分子。[1] 輔仁文社已如前篇所述，由楊衢雲與謝纘泰等於 1892 年成立，為一新式知識群體聚會共議時事新學的機構。由於社長楊衢雲及社員謝纘泰等後來與孫中山熱切投身反清事業，加上謝氏在後來追述革命歷程時直稱文社為革命總部（revolutionary headquarter），因此其一直多被認為係革命組織。[2] 然而，這實不能說明陳氏同樣為革命黨人。正如賀耀夫所指，謝氏的追述本來就多有誇虛，且參輔仁文社的社綱六條，絕無反清或革命意識。[3] 如下列：

一、磨勵人格，臻於至善；

二、世間惡習，免於沉溺；

三、為未來中國青年，以作表率；

四、盡一切可能，增廣中西學識，包括文化軍事；

五、精通西洋科學及學問；

六、以愛國者自勵，掃除國家各種乖誤。[4]

可見文社不過希望關顧國事，和會中西學識。而且今日可考的社員中，除卻楊、謝二氏，及後來同樣加入興中會的溫宗堯（1876-1946），其餘各人政治傾向都不明確。溫氏投身興中會後，響應康有為及唐才常的自立軍起事。然而新政期間又出仕投身洋務派任駐藏大臣；民國初年改投國民黨，後加入日本扶植的汪精衛南京政權，因而在二戰結束後被指為漢奸，病死獄中。在楊、謝、溫三人以外，陳鏸勳事實上表明了文社社員另外的發展路向。

1895 年，時值清廷甲午戰敗，孫中山與楊氏、謝氏戮力籌謀革命，但陳鏸勳則致力其個人的事業雄圖，於是年投身保險行業。保險事業於中國而言，為西方傳來的新式實業，其發源於十四世紀的意大利，最初為保障商人出海貿易之風險而起，後傳至歐西各國。英國馬尼亞克洋行（Magniac & Company, 怡和洋行前身）及顛地洋行（Davidson-Dent House, 寶順洋行前身）早於 1805 年就在廣州分別成立諫當及於仁保險（Canton Insurance Society; Union Insurance Society of Canton），並在 1842 年隨著香港開埠將之遷往香港。諫當及於仁一直是香港早期最大的保險公司，兩者均以香港為中心，向外開拓。除倫敦及中國各個口岸外，諫當將業務拓展至印度及莫斯科；於仁則將之拓展至墨爾本及日本。在十九世紀，香港已成為外資對華貿易的保險業中心。[5]同時，華商保險公司也漸次發展，1865 年上海義和保險公司成立後，在 1871 年於香港設分行。1877 年香港的金山莊富商李陞（1896 年卒）亦創立安泰保險。[6]

由此背景可知，陳鏸勳的經營亦係香港華商早期的辦理保險嘗試。陳氏於 1895 年 8 月身任司理，參與開辦濟安洋面保險公司（Chai On/Tsai On Marine Insurance Co., Ltd.），登報招股。公司本銀一百萬元，專營內地及外洋來往之商貿，其後更兼營物業按揭。[7] 以大約同時開業的義安（1899）、福安（1900）及源安（1904）等華商保險資本俱為一百萬元計，濟安規模亦足以與同業比肩。[8] 同年 12 月陳鏸勳又出版《保險須知》，據當時報刊廣告，本書專向不諳保險運作的華民介紹西方的保險章程，顯然間接為其保險生意宣傳。[9] 雖然濟安公司於 1901 年起經營困難，最終清盤，[10] 不過，陳鏸勳同年又聯同菲律賓資金參與籌辦新公司協安保險（Hip On Insurance Exchange and Loan Co., Ltd.），仍以資本銀一百萬兼營火險、按揭及匯兑業務。[11] 陳氏同時又兼任萬益置業（Man Yik Investment Co., Ltd.）及廣運輪船公司（Kwong Wan Steamboat Co., Ltd.）的司理，於商界長袖善舞。[12]1902 年，香港之華資保險商聚集，成立香港華商燕梳行（The Chinese Insurance Association of Hong Kong, 今日香港華商保險公會前身），以加強華資保險商的聯繫與團結。協安保險作為創會成員，亦佔其中一席。[13]1904 年陳鏸勳並加入東華醫院出任總理。[14]

陳鏸勳與中國通商銀行

陳氏在經營其香港的保險事業之餘，亦曾試圖往中國發展。光緒二十二年（1896），陳鏸勳在聞知清廷有意開辦官方銀行後，就向當時李鴻章幕下重要僚屬、負責督辦銀行事務的盛宣懷（1844-1916）投書建言。此亦係陳氏利用其新式實業知識發展事業之一例。現代之銀行業如同保險，亦發源於外商。中國傳統的票號及錢莊，但能處理有限存款，

陳氏之濟安及協安保險，都位於上環文咸西街 42 號。圖為今日的文咸西街 42 號。

缺乏大額融資與借貸的資本及管理能力，難以應付現代工業發展及基建所需的大額財金運轉。是以在西方經濟勢力侵迫及現代化壓力下，中國日益需要建設現代的金融機構。中國現代銀行首先見於香港開埠下，英國開設的東藩匯理銀行（The Oriental Bank），其後於 1865 年建立的香港上海滙豐銀行為另一大銀行企業。美國、法國及德國等列強亦相繼在香港及上海等地設立銀行。然而，外資銀行在治外法權下無從為清廷監管，而且錢款存於其中始終形同贊助外資累積，不利十九世紀正自萌芽的華人企業發展。因此自 1860 年起中國已有各種呼聲希望建設華資銀行，但李鴻章於 1880 年代的種種嘗試都被保守派抨擊為與戶部爭利。[15]及至 1896 年，清廷終於決定集資督辦銀行。陳鏸勳於是致書盛宣懷，獻上其草擬的銀行規約章程，支持其事。隨函更附上其《香港雜記》及《保險須知》等著作並「小照一幅」，大有希望為盛氏見用之意。[16]就當中可窺見陳氏對國事的關注及其金融識見。

　　陳氏信函首先抬舉盛宣懷為「當今第一偉人」，而「非銀行無以振興乎國勢」，非盛氏「不能創辦乎銀行」，不無奉承之意。然而行文間即見其對國際形勢的了解：「當今之世，內憂迭起，外患叢興，法既虎視於南，俄欲鯨吞於北，復有英、德、美、奧諸大國耽耽窺伺」；其對英國尤其了解：「查英國與各國通商，每年進出口貨值銀十九千兆佛郎，各屬地進出口貨值三千兆佛郎，總計，英國商務每年可得二十五千兆佛郎。所出之利，合地球諸國而計，尚不能敵一英國。其商務興旺如此，誠為地球之冠。」在此形勢下，中國更應興辦商貿，以爭利權。而當中，陳氏指出，銀行為其重中之重：「至我國商務既興，則非銀行無以收轉圜之益；且利權外溢，純屬漏卮，故創設銀行實有訂不容緩之勢。」[17]書函顯示陳鏸勳有一定的國際視野及金融認識，不過未見卓越，恐怕未有打動盛宣懷。

就其隨函提出的草擬銀行章程，盛氏實少有見用。陳氏建議，新辦之銀行宜取名「中國寶源匯理銀行」，然而日後銀行並未用「寶源匯理」之名，而取曰「中國通商銀行」。陳氏所擬章程尚有不少細節，關乎發鈔及董事會議規定等等，但盛氏上奏朝廷稱，來日銀行章程將一準乎滙豐銀行。[18] 陳鏸勳亦未曾受盛宣懷招入幕中。不過，通商銀行成立後，陳氏成為香港分行之理事，得以參與理事會議。[19] 然其始終未緣參與國政，一生仍集中於香港之保險事業。

陳鏸勳的種種時務識見實有賴於在港的學習與見聞。在致盛氏函中，其自言「長而有志時務之學，瀏覽西人之典籍已十有餘年，頗能踐其戶庭而窺其奧奧；加以粵海帆航畢集，列邦人士咸萃於茲，復時時向西人諮詢各國之政事、形勢、風土、民情，遂慨然有匡時之志」[20]。此實為香港所孕育之才士，以其成長環境作毛遂自薦的告白，指出香港之特有優勢及其自身的獨有長處。今日考陳氏身世，其之所以能涉獵西文及西洋新知，與一眾新式知識分子結社，發展保險事業，乃至以金融識見自薦洋務，在在都與香港此地有密切關係。

陳鏸勳的香港記述

1906 年初，陳氏逝世，是年二月歸葬鄉里。祭金由協安保險公司及輪船招商局香港分局代收。[21] 其一生活躍香港商界，然而生前卻已破產，留下法庭紀錄。[22] 箇中轉折今日難以考究。不過其參與創辦的協安保險亦於 1910 年面臨清盤，從此退出華商燕梳行，並於 1917 年正式倒閉，或許透露一點端倪。[23] 陳鏸勳參與創立的公司濟安及協安保險先後結業，亦未有得盛宣懷賞識而能參與組織國家銀行，其歷史陳跡似已雲散。然而，正如中國傳統所謂「三不朽」，要身後留名、死而不朽，立功、立德

以外，尚可立言。陳氏未有不世功德，但其所寫的《香港雜記》就廣為人知。

　　陳氏《雜記》，於光緒二十年（1894）秋交王韜營辦的中華印務局出版，全書線裝一冊，共四十八頁，內容十二章，述及香港的地理形勢、開港來歷、政制時事、商務、船務、醫務、兵制、教育、街道樓房、水道暗渠等，以一整全角度記載香港各方事略。其中尤多以追述記事，如逐年疏理中英外交衝突與鴉片戰端始末、香港早期之社會事件、以及商務稅收的擴張等等，為目前所見最早的華文史學著作。現存十九世紀的香港華文出版本來就不多，大抵以《遐邇貫珍》、《循環日報》及《華字日報》等舊報章為大宗，因此《香港雜記》就更彌足珍貴。

　　由書中可見，陳鏸勳與當時及日後懷抱民族熱情的知識分子不同，他未有指責英國侵略，而概述之為「貿易致有戰爭，戰爭致有割據」，而且屢屢讚譽港英政府管治有方。其在正文開篇就謂：

　　　　溯香港之開⋯⋯其始不過一荒僻小島耳，其地為不毛之地，兼之山石巖巖，崎嶇斜曲，雖竭力經營，亦僅成平常鎮埠，乃英廷不惜帑費，街衢屋宇，布置井然。既度地以居民復通，功而互市，煙戶雲連，商賈雨集，傳至今日，為地球中絕大繁庶之區。而且海口則天然，位置諸峰，羅列夾道，朝拱居奇之貿易或由別埠運到香江，或由香港運往別處，遂為英國之要埠，即以英國所屬之埠而論亦為首屈一二指矣。[24]

　　陳氏由此指出，香港本來荒土，即使悉力經營都難成大埠，而有賴英國管治，方化香港為富庶都會。對於勤政的港督，陳氏亦大加稱許：

　　　　燕尼斯（按：即軒尼詩，Sir John P. Hennessy, 1877-1883 在位）為

港督，其視華民也，愛之如子，為歷來之所未有。[25]

又論：

　　羅便臣（Sir William Robinson, 1891-1898 在位）制軍抵埠攝政後，
整頓商務，不遺餘力，撙節用而復愛人，他日後澤深恩，必將次第舉行
者矣。[26]

而在各種英國善政當中，除卻香港之繁榮外，陳氏尤對香港之街道及水
道大為讚嘆：

　　港地風景，屋宇光明，街衢潔淨，十步五步之間整以樹木，涼爽宜
人，洵足令遊人寓目騁懷，樂而忘返……花園距督憲署不遠，建在城之
中，園中層層佈置，每層俱時花點綴。第二層設一水景，時有西人之孩
子及僕婢等在此乘涼，每當夏天二伏，夕陽西下之時，西樂每奏於此。
雖異鄉之樂而洋洋盈耳，頗覺暢懷。[27]

其論水道：

　　水道之功程繁浩，英官於此苦心經營，非親歷其景者不知。試周遊
百步林及大潭，不特見其心思之奧巧，並不知水源之曲折層出，足供一
港之用，真有令人匪夷所思者……一千八百十三年以前，喑渠真，未
臻盡善，不無遺憾，是時港憲關心民瘼，深慮積穢之壅塞，鬱抑而成癘
疫也，疏陳英廷，後理藩院（按：即殖民地部，Colonial Office）著欽差
察域查辦此事……特設潔淨局專司潔淨……衢道既一律更新，香港可

謂東道之淨土，不減於英京……其始先改上中下三環，漸而山頂，繼而紅磡、九龍、終而小村各處，次第畢舉，盡善盡美。[28]

陳鏸勳對英國管治與香港善美之稱許，雖或不免於政治壓力而稍加溢美。在《雜記》書末頁有一更正告，謂「華民政務司師大老爺」指書中夷字及皇后英廷等字樣皆屬不合。因中英和約並無夷字，無論何處都不准用。英國無「皇后」之稱，宜稱「皇帝」；且書寫英廷時亦應抬頭以示尊重，留下了早期港英政府對出版作政治審查的明證。[29] 不過，陳氏通篇讚詞，難言其作均屬媚諂；且即使要避過審查，亦無必要特意嘉許一二勤政港督。考陳氏對香港之稱道，其繁榮、其制度、其街巷、其水道，都與十九世紀南來香港的知識分子相似。因此其作，毋寧係在香港生活多年，而深有體會的真切感受。陳鏸勳的《香港雜記》，再次説明香港如何在中國知識分子心中留下深刻印象。

參考資料及延伸閱讀

陳鏸勳著、莫世祥校註：《香港雜記（外二種）》（廣州：暨南大學出版社，1996）。

馮邦彥、饒美蛟：《厚生利群：香港保險史（1841-2008）》（香港：三聯書店，2009）。

Linsun Cheng, *Banking in Modern China: Entrepreneurs, Professional Managers and the Development of Chinese Banks, 1897-1937* (New York: Cambridge University Press, 2003).

註 釋

1　見陳鏶勳：《香港雜記》（香港：中華印務局，1894），頁 1 上 - 下。

2　謝氏之言，見氏著 *The Chinese Republic: Secret History of the Revolution* (Hong Kong: South China Morning Post, 1924), p.8.

3　賀耀夫：〈輔仁文社與興中會關係辨析〉，載陳勝鄰編：《孫中山與辛亥革命史研究 —— 慶賀陳錫祺先生九十華誕論文集》（廣州：中山大學出版社，2001），頁 21-39。

4　原文為英語，為筆者據賀耀夫的中譯本再加修訂而成。原文之六條為：

1. To purify the character in the highest possible degree;
2. To prohibit indulgences in the vices of the world;
3. To set an example for future young Chinese;
4. To improve in all possible ways Chinese and foreign knowledge both in a civil and a military point of view;
5. To obtain a good knowledge of western science and learning;
6. To learn how to be and act as a patriot and how to wipe out the unjust wrong our country has suffered.

轉引自賀耀夫：〈輔仁文社與興中會關係辨析〉，頁 24。

5　馮邦彥、饒美蛟：《厚生利群：香港保險史（1841-2008）》（香港：三聯書店，2009），頁 23-49。

6　同上，頁 59-66。

7　〈濟安洋面保險公司告白〉，《華字日報》，1895 年 10 月 8 日，頁 1；〈濟安公司有銀山炬〉，《華字日報》，1895 年 11 月 23 日，頁 2。

8　馮邦彥、饒美蛟：《厚生利群：香港保險史（1841-2008）》，頁 60-63。

9　〈《保險須知》新書出售〉，《華字日報》，1895 年 12 月 30 日，頁 3。

10　〈濟安洋面保險公司告白〉,《華字日報》,1901 年 6 月 27 日,頁 3;並參 The Hong Kong Government Gazette (Hong Kong: The Government, 1904), 29th July, 1904, p.1323。

11　〈創建香港小呂宋　協安洋面火燭保險匯兼附按揭有限公司節略〉,《華字日報》,1901 年 11 月 1 日,頁 2。

12　〈萬益置業公司派息告白〉;〈廣運輪船公司派息告白〉,《華字日報》,1901 年 4 月 11 日。有關陳鏸勳的商界生涯,尤需關注其與譚子剛的合作。譚氏何許人今已難考,然而無論濟安、協安、萬益及廣運都由譚氏出任總司理,而且《保險須知》亦由陳、譚二人合著,顯然譚氏為陳氏密切的商業拍檔。如要再行發掘陳氏生平,需沿此探索。參 The Hong Kong Government Gazette, 29th April, 1904, p.766; 15th July, 1904; 29th July, 1904, p.1323。

13　馮邦彥、饒美蛟:《厚生利群:香港保險史(1841-2008)》,頁 81-83。

14　"Report of the Tung Wah Hospital", Hong Kong Sessional Papers (Hong Kong: The Government, 1905), p.1.

15　Linsun Cheng, Banking in Modern China: Entrepreneurs, Professional Managers and the Development of Chinese Banks, 1897-1937 (New York: Cambridge University Press, 2003), pp.10-29.

16　〈陳鏸勳致盛宣懷函〉,光緒二十年十月二十一,載陳旭麓、顧廷龍、汪熙編:《中國通商銀行》(盛宣懷檔案選輯之五)(上海:上海人民出版社,2000),頁 18。

17　同上,頁 16-17。

18　Linsun Cheng, Banking in Modern China, p.25.

19　〈通商銀行會議〉,《華字日報》,1905 年 5 月 28 日,頁 4。

20　〈陳鏸勳致盛宣懷函〉,頁 17。

21　〈聯祭告白〉,《華字日報》,1906 年 2 月 6 日,頁 3。

22　The Hong Kong Government Gazette, 26th November, 1906, p.975.

23　The Hong Kong Government Gazette (Supplementary), 30th September, 1910, p.433; 23rd November, 1917, p.549. 香港華商燕梳行名單上自 1910 年就刪去協

安，參馮邦彥、饒美蛟：《厚生利群：香港保險史（1841-2008）》，頁 81-83。

24 陳鏡勳：《香港雜記》，頁 2 上。

25 同上，頁 19 下。

26 同上，頁 21 上。

27 同上，頁 38 上。

28 同上，頁 43 上 -44 上。

29 同上，書末頁。

中　卷

賴際熙

——香港傳統中文教育的重要推手

1926 年一群文人雅士攝於香港。前排右五為賴際熙。（劉潤和、高添強提供）

在芸芸寓港的前清官員當中，就以賴際熙（1865-1937）經營各方事業，長袖善舞，最為耀眼。賴氏字煥文，號荔垞，廣東增城人；二十四歲（1889）中舉，苦讀經年後再於光緒二十九年（1903）高中進士，得入進士館見習法政。三十三年（1907）畢業後如同一般進士，授翰林院編修，參與編纂光緒帝的《清德宗實錄》，並任國史館總纂，練就其文史之長。[1]本來在翰林院實習後，各學士即會委派各部出任實務官員，但賴氏在此升轉之前，清廷卻已覆亡。然而民國建政後，賴氏仍盡忠前朝，拒絕出仕，並逃至香港，多方籌款支援清室。其善用清太史之身，在二十世紀初的香港華人社會中即名望非凡，來港後就成為了文化領袖，參與創立香港大學的中文學院及學海書樓，致力積存古籍，宣講國學，是為香港傳統中文教育的重要推手。賴氏並組織客家團體香港崇正總會，以聯絡鄉誼，凝聚力量。種種建置與影響，至今猶在，於香港社會銘刻烙印。

賴際熙的來港與其廣東翰林網絡

其實賴氏之退隱，在清室退位前，已有前兆。武昌事變之後，各省投效革命，清廷已不可為。賴際熙乃於是年十月中旬就帶同家眷南下，僑居香港避難。[2]適逢其來港，1912 年 9 月香港大學亦正式成立開課，賴氏與同為前清翰林編修的區大典（1877-1937）乃應聘為文學院兼任講師，開設中國經學與歷史等選修課。[3]相比起其他前清遺臣仍然顛沛流離，賴氏已有相對穩定的生計，惹來艷羨。前度支部主事陳之鼐就曾致書賴氏，提到「承示得任講席，事簡薪豐。此間已早有所聞，至以為羨」[4]，似乎生活已可稱優渥。因此，各地諸友往往來函希望得賴氏接濟，或照顧其子侄入讀港大。如民國後仍一直侍奉清室的黎湛枝（1870-

1928），在安頓好光緒陵墓之後，已耗盡家財，於是打算回鄉另謀出路，並向賴氏致書求助。[5] 另一追隨前清的遺老溫肅（1879-1939），在皇室無法支付俸祿後，惟有鬻賣手寫書畫維生，並詢問賴氏香港有無銷路。[6] 前清福建道御史陳慶桂則來信賴氏，代其子侄報讀港大。[7] 除卻前述外，在現存賴氏的書札中，前雲南麗江知府左霈、前湖北按察使梁鼎芬（1859-1919）、前翰林院編修及國史館協修梁士詒（1869-1933）與前安徽提學使張其淦（1859-1946）等等前清大臣仍不時與賴際熙有書信往來。[8] 上述諸友均為廣東出身，多有翰林資歷，可見清亡後，賴氏雖已寓港，與前清粵籍遺臣仍維持網絡，互通有無。

賴際熙的香港事業

賴際熙與香港大學中文學院的創立和發展

賴氏在港大的工作，隨時日亦更上層樓。1925 年，港督金文泰（Cecil Clementi, 1875-1949; 1925-1930 在任）到任，以其對中國文化的濃厚興趣，旋即著力推動改善香港的中文教育。港大創建初期，只將中文作為附屬學科，並不注重。金氏在特意諮詢賴際熙及區大典的意見後，就將漢文發展成科系，教師改為專任，並增加其教學時數；而且港大學生期考中文不及格，便不能畢業。同年，以中文為教學語言的官立漢文中學成立，由中學而大學的漢文教育路徑於是完整建立。賴氏和區氏是為港督發展中文教育的重要顧問。金文泰又委託賴氏早前的港大門生、漢文中學校長李景康（1889-1960），起草中文學院的各類課程和籌備入學考試。賴際熙並四出籌款，與港大校長韓和惠爵士（William Hornell, 1878-1950）一同前往南洋，向當地的華僑募捐。不少華商如吉隆坡的陳永、廖榮之，檳榔嶼的戴培基（芷汀）等人，皆慷慨捐款。[9] 其中仰仗賴

今日之香港大學鄧志昂中文學院

氏的人脈不少，如戴氏本就係其摯友。[10] 在多方準備後，1927 年，香港大學之中文系正式建立，賴際熙順理成章出任系主任。

中文系開基之後，就穩步發展，更於 1929 年擴展成中文學院（School of Chinese Studies）。賴氏等人更取得港商鄧志昂的捐款，興建新的教學及行政大樓，即今日的鄧志昂樓。[11] 學院的資源更形豐富，並能招攬賢才，先後延聘前述的溫肅與同係前清廣東翰林的朱汝珍（1870-1942）講授中國傳統哲學與文學，並援用賴氏早年的港大學生林棟為翻譯講師，師資大為充實。賴、區、溫、朱均為前清遺臣，廣東籍貫，翰林出身，前述賴氏的粵系網絡延續並為港大中文學院奠基。賴氏並再運用其人脈擴展學院，向其港商摯友馮平山（1860-1931）籌款興建圖書館；[12] 又向另一富商郭泰棣（輔庭）募捐書籍：「大學現時所有，不過是通行必需之書，略備學者稽考，其餘秘藏精本，固無資力可以購求」；於是希望郭氏於上海購書：「時有所得，不拘何種，皆可隨時寄賜，無不嘉惠士林」。[13] 此等富商的捐獻至關重要，而在其中穿針引線者正是賴際熙。賴氏在香港交遊廣闊，按其子賴恬昌憶述，賴際熙為前清太史，譽滿士林，因而在香港華人銀行業的草創階段，多方商人都宴請賴氏，望得其手筆或口譽美言，以便向錢莊或銀行借款，商業往來由是成功，於是其經常赴宴，建立廣泛人脈。[14]

雖然賴氏於港大中文學院的創建與發展貢獻良多，但仍未能與校方完全順利合作。1931 年，在賴際熙執掌學院五年後，校方開始商討中文學院的未來發展，希望撤換學院主任。一方面賴氏已年屆六十七歲高齡，理應退休；另一方面，賴氏為前清翰林，英語未佳，與校方各種溝通與合作因而時有問題，每次校務會議，都無法有效參與。[15] 而且，一眾翰林的中文教學亦被批評為流於背誦，急需改革。[16] 終於在 1935 年，賴際熙離任，而由曾留學美國哥倫比亞大學及英國牛津大學的許地山（1893-

1941）接任。賴氏如此境遇，亦側面揭示了前清遺臣生活在香港殖民地制度下的適應問題。

賴氏在執教港大之餘，仍不遺餘力，又建立了學海書樓，向大學以外的公眾推動傳統文教，本卷將會另行詳述。

創立香港崇正總會

除學術以外，賴氏又參與創立客家組織——香港崇正總會。賴際熙同為客家人，因此一直與各在港客家人都有聯繫。1920 年，上海商務印書館出版了由外籍中學教師 Roger D. Wolcott 所編的英文地理教科書 *Geography of the World*，其廣東條下指客家為野蠻部落，於是引起中國各地客家人士譁然。居滬的客屬人士尤其激憤，更組成客系大同會，商討如何抗議商務印書館。在強大壓力下，商務印書館最後公開道歉，通知購書學校更正，並銷毀著作。[17] 然而牽連所及，各地的客家組織由此蜂起。香港的客家人士，亦召開大會，希望組織旅港客屬團體，互通聲氣，彼此扶持，並共謀促進工商業發展。

1921 年 9 月，香港客屬大會在西環太白樓召開，賴際熙亦有出席。會上並決議「響應北京上海廣州三處客屬大同會，向商務印書館，嚴重交涉」；又同意設立永久客屬團體，另推舉博學之士，編纂專書，以弘揚客家文化，乃公推富商黃茂林為總會籌備主席，著手組織，而賴氏則身任委員。雖為客家團體，但按與會客商李炳的建議，因「不欲以四萬萬五千萬之中華民族，各分畛域」，於是不以客家命名，但取「崇正黜邪」之大義，將會社名為「旅港崇正工商總會」。經歷各界籌謀，訂定會章，招攬會員，籌募資金，並取得港府同意，在 1922 年 10 月，總會正式成立。[18] 賴際熙就任首屆會長，並一直連任五屆，為總會勞心十三年。[19]

總會成立後，即著手推進各種事業。其先編印會刊，發佈及收集各

戰前的香港崇正總會（高添強提供）

地客屬資訊。另外就著力編修系譜。總會初期以編纂同人系譜為重中之重，以辨識客家源流、文物衣冠與學術道藝。身任會長又係前清太史的賴際熙理所當然成為主編。1925 年，系譜脫稿付梓，訂名為《崇正同人系譜》，全譜分源流、氏族、禮俗、語言、人物、選舉、藝文等八部，類似方志形式，系統疏理了客家群體的各方面向，為近代客家學術的重要著作。另外，總會亦參與教育，在 1922-1928 年間，先後在西灣河、九龍城及深水埗設立崇正義學。對於同系之客屬學校，如大埔崇德學校及荃灣之荃灣公學等，總會亦有資助。雖然崇正各家義學在香港淪日期間相繼停辦，但戰後又再復起，並在 1957 年興辦崇正中學，至今仍屹立於長沙灣。[20] 而總會今日仍然致力於聯絡各地客家社群，賴際熙已是其永遠榮譽會長。[21]

賴際熙在香港的事業如此繁多，其留在香港的足跡與墨寶是亦不少。今日香港黃大仙祠的庭園中，「萬流共仰」一區就係賴氏所書。另外，今日的西區社區中心，贊育醫院舊址，亦留有賴際熙所寫的對聯：「好生之謂德，保亦以為懷。」

賴際熙與港英政府

賴際熙的成功，正如陳學然指出，實在離不開港英政府的支持。[22]辛亥革命後，中國不特終結帝制，政體丕變，即使文化上亦出現批判中國傳統的浪潮。晚清以來隨著中國的國勢傾頹，知識分子對中國自身的反思日益深刻，終由政治轉至文化層面，引發二十世紀初以來的「新文化運動」。以胡適（1891-1962）等從西方回流的新知識分子為首，極力批判中國傳統的教育及言語，主張摒棄文言，書寫白話。但香港由於遠離中國的政治及文化中心，於是與此一改革潮流一直保持距離，不少華

賴際熙為黃大仙祠題寫的「萬流共仰」及左右對聯

人在二十世紀初，仍然停留在辛亥革命前的氛圍，十分欣賞中國傳統文化。賴氏等一眾前清遺老，遂能在香港反其道而行，一直宣揚舊學。與此同時，殖民政府為抑壓香港華人的民族情緒，以免受北方浪潮影響，於是亦歡迎前朝士人在香港活動。

在此背景下，加上港督金文泰的個人興趣，1920 年代的香港成為保存中國國故的理想地方。金氏在履新港督之前，曾在香港的官學中接受中文訓練，並在 1900 及 1906 年通過粵語及國語考試，及後還追隨時在香港大學任教中文的古文大師宋學鵬修習文言，並將道光年間民間文人招子庸的粵語文集《粵謳》翻譯成英語。[23] 金文泰對中國文化的熱情，為前代港督所未有，後來亦自然特別欣賞一眾前清學人，又請賴際熙為其教習中國經史，並不時與之飲宴。[24] 1927 年，金氏於茶會宴請賴氏等遺老及各界華商出席茶會，其間更以廣東話演講說明整理中國國故的重要：

> 中國人應該整理國故呀。中國事物文章，原本極有寶貴價值，不過因為文字過於艱深，所以除曉書香家子弟，同埋天分整高嘅人以外，能夠領略其中奧義嘅，實在很少。為呢個原故，近年中國學者，對於（整理國故）嘅聲調已經越唱越高。香港地方，同中國大陸相離，僅僅隔一衣帶水。如果今日所提倡嘅中國學科，能夠設立完全，將來集合一班大學問嘅人，將向來所有困難，一一加以整理，為後生學者，開條輕便路徑，豈唔係極安慰嘅事咩？[25]

可見，金文泰眼中的港大教育亦即係傳統經史一套，賴氏等人自然能夠在香港大學發展國學。香港以其獨特的政治及文化背景，意外成為了保存國學的重鎮。

賴際熙的香港想像

因著如此的政治及文化氛圍,賴際熙也大受鼓舞,希望將此地發展成保存國粹的重地。其在籌建學海書樓時就曾說道:

> 神州文化,行見陸沉,軒轅遺裔,盡將沙汰。挾書之令,秦以嚴刑禁之,尚有子道、畔道之端;今以曲說誘之,自然風靡,誠斯道存亡絕續之交,君子怵惕危慮之會也。幸香江一島,屹然卓立,逆焰所不能煽,頹波所不能靡,中西之碩彥,宏達之富商,咸有存古之心,皆富衛道之力。主持教育者,屢宣提倡中學之言,訓誨子弟者咸抱難得人師之慮。今擬順人心之趨向,拯世道之淪胥,冀集巨資,徵存籍……從此官禮得存諸域外,鄒魯即在於海濱。存茲墜緒,斯民皆是周遺,挽彼狂瀾其功不在禹下矣。[26]

可見,香港對於賴際熙而言別具價值,為中國傳統文化在「神州陸沉」之際,「屹然卓立」,得以重振國學的地方。雖為目前係殖民地的「海濱域外」,但亦希望他日得以成就「鄒魯」,即如當日孕育孔子的齊魯一樣,成為中國傳統文化的中心。香港自十九世紀以來即已日漸發展成東亞的一大重要港口,匯通中西以至環球商貿;即使英方的取態,亦以其商業發展為重,然而對於香港有此文化願景的並不多,賴際熙此一寄望以及種種努力,也許是香港最早有意識的文化空間想像與發展計劃。

不過,尚需說明的是,雖然賴際熙屢言國故,卻並非盲目守舊。其早在當日應考科舉殿試時就明言,中國應該「酌得古今之宜,盡變通之利」,積極變革,改善施政,尤其律令:

持中西法律之平，可謂知本矣。而或慮新律可行於口岸，不可行於內地者，此未深明中國律學之言……此臣所謂酌古今之宜者，則刑律為要也。[27]

並且又建議朝廷效法西方設立商部：

西國商務之盛，以國家保護之力也。保護之也，在正商法，保商權。凡以使之利便而已。臣願陛下早立商部，凡商之情不達，力不逮者，得所維持而調護之，商務興而財用裕矣。[28]

只是在變革之前，賴氏主張仍然不能忘本：「不法前王，則無以守經；不法後王，則無以為通變。不守經則體不能明，不變通則用不能達」；恪守洋務派「中學為體，西學為用」的改革宗旨。在民國建元、其移居香港之後，中國已在劇烈「變通」，香港本已是英國殖民地，故盡行西法，亦無須再來提「變通」，因此「守經」以保存國粹就成為其餘生志業了。

參考資料及延伸閱讀

陳學然：《五四在香港：殖民情境、民族主義及本土意識》（香港：中華書局，2014）。

程美寶：〈庚子賠款與香港大學的中文教育〉，《中山大學學報（社會科學版）》，1998 年第 6 期，頁 60-73。

區志堅：〈香港大學中文學院成立背景研究〉，《香港中國近代史學報》，2006 年第 4 期，頁 29-57。

註 釋

1 羅香林：〈故香港大學中文學院院長賴煥文先生傳〉，載賴際熙著、羅香林編：《荔垞文存》（香港：學海書樓，2000），頁 165；有關賴氏之編纂，請參《清實錄‧德宗景皇帝實錄》（北京：中華書局，1987），頁 67。

2 〈賴際熙致仰喬書〉，載鄒穎文編：《翰苑流芳 —— 賴際熙太史藏近代名人手札》（香港：香港中文大學圖書館，2008），頁 98。

3 方駿：〈賴際熙的港大歲月〉，《東亞漢學研究》，2012 年第 2 號，頁 283。

4 〈陳之鼐致賴際熙書〉，載鄒穎文編：《翰苑流芳》，頁 39。

5 〈黎湛枝致賴際熙書〉，同上，頁 73。

6 〈溫肅手札〉，同上，頁 68。

7 〈陳慶桂致賴際熙書〉，同上，頁 53。

8 參《翰苑流芳》中所載相關書信。

9 方駿：〈賴際熙的港大歲月〉，頁 283-285。

10 賴氏文集中收有兩篇其贈戴氏的壽序，見〈誥授朝議大夫戴芷汀太守老弟六秩開一壽序〉；〈戴芷汀大兄六十壽序〉，載賴際熙著、羅香林編：《荔垞文存》，頁 35-42。

11 方駿：〈賴際熙的港大歲月〉，頁 286。

12 馮氏早在 1929 年就表示願意捐款予香港大學興建中文圖書館，惟有兩條件：一、圖書館應對社會各界人士開放，因此其選址應接近公路；二、該館應永作中文圖書館，不作他途。港大校方對馮氏提出的條件討論多時，直至 1931 年初才決定接納，然後動工興建。圖書館並於 1932 年 12 月正式啟用。參方駿：〈賴際熙的港大歲月〉，頁 289-289。

13 〈與郭輔庭書〉，載賴際熙著、羅香林編：《荔垞文存》，頁 81。

14 賴恬昌之訪問轉引自區志堅：〈學海書樓推動中國文化的貢獻〉，載廣東省政協文

化和文史資料委員會編：《香海傳薪錄 —— 香港學海書樓紀實》（北京：中國文史出版社，2008），頁 87。

15　周正偉：《抗戰前香港華人的文化發展》（香港：香港大學中國歷史研究文學碩士課程同學會，2012），頁 33。

16　方駿：〈賴際熙的港大歲月〉，頁 290-292。

17　趙樹岡：《星火與香火 —— 大眾文化與地方歷史視野下的中共國家形構》（台北：聯經出版公司，2014），頁 82。

18　崇正總會金禧紀念特刊編輯委員會：〈香港崇正總會會史〉，載氏編：《香港崇正總會金禧紀念特刊》（香港：香港崇正總會，1971），頁 2-5。

19　乙堂：〈香港崇正總會發展史〉，載羅香林編：《香港崇正總會三十周年紀念特刊》（香港：香港崇正總會，1995），頁 14-15。

20　崇正總會金禧紀念特刊編輯委員會：〈香港崇正總會會史〉，頁 8-10。

21　乙堂：〈香港崇正總會發展史〉，頁 19-20。

22　陳學然：《五四在香港：殖民情境、民族主義及本土意識》（香港：中華書局，2014），頁 180。

23　程美寶：〈庚子賠款與香港大學的中文教育〉，《中山大學學報（社會科學版）》，1998 年第 6 期，頁 62。

24　據賴際熙與陳步犀（1870-1934）提到：「頃承寵召，明日中午賞飯，但弟明日自五下鐘至六點半鐘，須在山頂教監督經書，每星期只訶教一日，不便告假。西人時刻，復有一定，不能先後。」見〈與陳子丹書〉，載賴際熙著、羅香林編：《荔垞文存》，頁 74；金氏與賴氏的飲宴，可見〈賴際熙讌港督於利園〉，《工商日報》，1927 年 2 月 22 日，頁 3。

25　金氏演講在當時香港報章都有刊載，見《華僑日報》，1927 年 6 月 24 日，轉引自程美寶：〈庚子賠款與香港大學的中文教育〉，頁 66。

26　〈籌建崇聖書堂序〉，載賴際熙著、羅香林編：《荔垞文存》，頁 31-32。

27　〈應殿試策〉，同上，頁 15。

28　同上，頁 16-17。

陳伯陶

——在香港傳承國故的隱逸文人

陳伯陶為贊育醫院所寫的門額

與賴際熙相映成趣的另一位遺老，是同樣出身廣東的前清翰林，但低調行事、潛心著述的陳伯陶（1855-1930）。陳氏字象華，號子礪，又號永燾，廣東東莞縣人，生於書香之家。陳父銘圭（1824-1881）也為士人，在家鄉講學為業，為賴際熙一家所聘為師，而早與賴氏相識。[1]陳父與粵中名士多有往來，如日後高中翰林、官拜禮部侍郎的李文田（1834-1895）及廣東大儒陳澧（1810-1882）都係其摯友，其後陳伯陶亦由此以陳澧為師。[2]幼承庭訓之下，陳氏於光緒十八年（1892）以探花，即一甲第三名之身高中進士，從此入值翰林，歷任國史館、文淵閣、武英殿的編修或校理等文字官員，並曾外放雲南、貴州及山東等地出任科舉考官。[3]1900 年，義和拳亂，八國聯軍入京，朝廷逃遷西安，陳伯陶也扈隨左右。[4]回京後，陳氏得以入值南書房，晉身光緒皇帝的近身書吏。1907年起，陳氏改任江寧提學使，自此投入教育事業。及後當學部派員往日本考察學政，陳伯陶也隨當中。[5]回國後，在南京創立方言學堂；又在廣州與兩江總督端方（托洛活氏，1861-1911）興辦暨南學堂，是為全國第一家華僑學校，後發展成今日的暨南大學，於教育界貢獻良多。[6]

　　雖然陳氏官宦經歷不少，但其避港後就從此潛心寫作，考述國故，編撰了《宋東莞遺民錄》、《明東莞五忠傳》、《勝朝粵東遺民錄》等一系列敘述歷朝廣東遺民的史作，又重修《東莞縣志》及增補了《羅孚志》等地方史志，著作等身。由於其力於著作，因而被羅香林稱為二十世紀初香港「隱逸派」文人的代表。[7]儘管不如賴際熙一般活躍，陳氏卻充分延續了其傳統學人的學術造詣與精神，也展示了前清遺老在香港的另一種生命歷程。在追述史事期間，陳伯陶更疏理及重新演繹了香港開埠前的歷史故事，使其身前身後，都與香港密不可分。

來港歷程

　　陳氏之來港，也與賴際熙一樣，在武昌起事之後。不過早在此前，陳氏其實已請辭官職。1909 年，革命運動風起雲湧，清廷積弱難振，時署任江寧布政司使的陳伯陶即以母親葉氏病重為由希望辭官回鄉。然而其上司、時任兩江總督的張人駿（1846 年生）不允，只能改為請假三月省親。[8] 後來張氏改觀，再代為上奏准其解任，才終於得以在是年辭官返回故鄉東莞。然而同年十一月，朝廷再任陳伯陶補授江寧提學使，不過陳氏見醇親王載灃（愛新覺羅氏，1883-1951）攝政之下，「親貴出握重權，貪而瞶」，國事不可為，於是又再請辭。[9] 陳氏早已打算回籍避禍。1911 年，武昌起事首發，全國各省動盪，廣東亦難倖免，於是陳伯陶攜其一家再逃往香港避難，移居九龍。[10]

　　雖為明哲保身，早在革命前陳氏就已請辭，但目見國破家亡，自身顛沛流離，仍然悲痛不已，期間遂寫就〈避地香港作〉一詩：

> 瓜牛廬小傍林坰，海上群山列畫屏。
> 生不逢辰聊避世，死應聞道且窮經。
> 薰香自燒憐龔勝，藜榻將穿慕管寧。
> 惆悵陽阿晞髮處，那堪寥落數晨星。[11]

陳氏自嘆「生不逢辰」，來港「聊以避世」，又引《論語》「朝聞道，夕死可矣」一句，勸勉自己無論何世，「死應聞道且窮經」來以「道」自持。其所謂「道」即是忠君之道，於是詩文後又引以西漢（前 202- 後 8）末堅拒王莽（前 45- 後 23）徵召出仕、絕食而死的龔勝（前 68- 後 11），以及三國時代不理魏明帝（曹叡，206-239；226-239 在位）多次徵聘而

始終歸隱的管寧（158-241）為榜樣。只是無論氣節如何，在如此亂世，自然「惆悵」無限，「那堪寥落」。但陳伯陶來港之際，已然立志忠君、不仕二朝了。

友際與活動圈子

陳氏如此身世心跡，來港後自是與一眾同寓香港的前清官宦志同道合。前清士人的關係網絡於是在此英國殖民地得以延續。其中曾受業於陳父的賴際熙尤與陳伯陶熟稔，「交誼素篤」。據日後李景康憶述，賴氏但有空閒，「輒渡海過訪於瓜廬」，「相與躑躅於宋臺遺址」；兩人「徘徊瞻顧之餘，輒興異代相感之思」。[12] 相傳宋末幼帝為逃離元兵追殺，曾駐足九龍城而留下宋王臺遺址。陳賴二人於是在此顧影自憐，追思亡國之痛。及後兩人更將陳氏四子良耜與賴氏女兒冬華成婚，兩家結為姻親。[13] 後來賴氏發起組建學海書樓，陳伯陶亦協助籌募經費，並登壇講學。[14] 另外，陳氏與另一前清翰林張學華來往亦多。張氏字翰三，為廣東番禺人，光緒十六年（1890）進士，亦曾入值翰林。革命後也避難南來，在香港與陳伯陶「晨夕過從」，「（陳）每有撰著必以見之，間述生平行事感慨繫之」，故張氏「知（陳）公較詳」。後來北平皇室有事，「（陳）公義憤發，往復商榷，一日數函」，可見其往來之密切。[15] 及至在陳氏身後，亦是張學華為其作墓誌銘。

與兩人同遊宋王臺的尚有一眾士人。1916 年秋，陳伯陶藉向宋代東莞遺民趙秋曉（1256 年進士）祝壽，邀請了賴際熙、張學華、前翰林院庶吉士吳道鎔、前清生員蘇澤東等人大會宋臺，相互酬唱，「效朱鳥招魂，哀歌有客」。後來更由蘇氏編成詩集《宋臺秋唱》紀念其事。[16] 清朝雖已矣，但他們仍繼續在香港為故國招魂。

除卻宋王臺外，陳伯陶在香港各地留有不少墨寶，印證了他的足跡。如屯門的青山禪院，碑坊內聯「遵海而來，杯渡情依中國土；高山仰止，韓公名重異邦人」即是其墨跡。另外，在今日西營盤的前贊育醫院舊址，除賴際熙所書的對聯外，又有陳氏所寫的門額。

所謂民國：「內蛇外蛇鬪未已」

陳氏既日與一眾前清士人往來，對前朝眷戀無限，於是就十分仇視覆滅滿清的民國。其〈登九龍城放歌〉就寫道：

> ……回看直北是神州，墮地弓髯萬人哭。城邊野老長苦飢，我亦寓公歌式微。內蛇外蛇鬪未已，橫流滄海吾安歸。吁嗟乎橫流滄海吾安歸。[17]

顯然地，陳氏認為，革命黨人沒有為中國帶來希望，只有亂局，於是遍地「萬人哭」，「城邊」「長苦飢」。北洋政府與各地軍閥，都只是「內蛇」與「外蛇」，雙方鬪爭未已，無一誠心為國。其在〈七十自述一百三十韻〉中，更直指：

> 開歲倏七十，紀年惟甲子。……辛亥革軍興，寇攘藉姦宄。人心既瓦解，天命豈顧諟。大盜總師干，移國不旋踵。[18]

陳氏眼中，革命黨人盡是姦邪賊寇，藉故亂事；其所謂革命事業，只是「大盜移國」，盜竊權位。因此其絕不承認民國，不用民國年號，而「紀年惟甲子」，用干支標示年月。事實上，陳伯陶也非空言效忠。1913 年，

前贊育醫院舊址

北洋民國政府總理熊希齡（1870-1937）、廣東督軍龍濟光（1867-1925）
請陳氏復出為官，但均被拒絕。即使純粹為編修省志，亦也不就。[19] 應當
說明，此番拒絕還出於陳伯陶的忠義思想。陳氏十分憎恨改事民國的前
清官員。雖有謂民國已然無君，不必再講忠君，但陳氏絕不為然：

> 若效齊國之鄰女，育七子而俱成；學河間之婦人，聚群惡而相處。
> 而猶侈言不嫁，自稱未亡。似此厚顏，必當唾面。然則今之諸臣，以無
> 君為非貳者，毋乃昔之二婦，亦無夫而非淫乎！嗟夫！文人無行，自古
> 為然；貪夫徇財，於今尤烈。三綱既墮，四維不張，淪胥以亡，累劫莫
> 復。[20]

陳伯陶以人婦比喻人臣，認為都應當從一而忠。於是引《戰國策》中有一
齊國女子已育有七子但仍自言未嫁，以及唐代柳宗元《河間傳》中與惡
人聚居而變得縱慾的婦人為例，怒斥當下事奉民國的舊臣與二人無異，
而「必當唾面」。傳統中國的貞節與忠誠思想，深刻烙印於陳氏身上。

再者，陳伯陶仍為前清皇室籌款營生。1922 年，民國議員駱繼漢
（1885 年生）提議廢除皇室優待經費，後雖然因為鄭孝胥（1860-1938）、
王秉恩（1845-1928）等聯署要求續延，且復受張勳復辟一事影響，以致
駱氏議案未能提出而作罷，但陳伯陶始終認為皇室地位岌岌可危，於是藉
是年清遜帝溥儀大婚入京，向各地舊臣籌款進奉。其本身就先罄所有，得
大洋萬餘，再連同一眾寓港舊臣的五千六百圓盡獻入京。[21] 日後在其七十
自述之中，再次提及捐款一事，且仍然熱切回憶與溥儀見面的細節：

> 前年至京師，匍匐賀天喜。愚誠獻野芹，仁厚念豐芑。溫室召坐
> 談，禮我如園綺。命我乘安輿，扶持下峻阯……[22]

然而陳氏也直言,「中興誠渴盼,河清恐難俟」[23]。但縱使清室再興無望,始終係其心底所盼。

陳伯陶在香港的著作

在如此亡國之痛下,陳氏將悲憤轉化為文字,成就了其在香港寫作的種種著述。其避地香港後,就取自秦末東陵侯邵平在秦亡後不再出仕,於長安城外種瓜的典故,將其家命名為「瓜廬」,表明心跡;而且因家住九龍,於是以文號為「九龍真逸」,以逸民自況,力於著作。其首先憶起明末清初,其家鄉廣東的種種遺民故事,於是見「明季吾粵風俗以殉死為榮,降附為恥。國亡之後,遂相率而不仕不試,以自全其大節。其相勵以忠義亦有可稱者」。然後自明清以來各種方志與史書或筆記,考出其中人物共二百九十餘人,於 1915 年寫成《勝朝粵東遺民錄》連附錄共五卷,以表彰其忠義。其序文尤感嘆:「吾粵人心之正,其敦尚節義,浸成風俗者,實他省所未嘗有也。嗚呼!明季去今二百七十餘年耳,今何如耶?序成擲筆為之三嘆而已。」[24]可見其考釋之餘,亦在批評當時不顧忠義、投效民國的士民。

翌年,陳氏在遊歷宋王臺時,聞得南宋末年宗室遺臣為逃避元軍追擊、流落香港的傳說,於是其逸民情懷由明末清初,上推到宋末元初;並由於香港當時地屬東莞,為探索當時人事,於是又寫出另一部《宋東莞遺民錄》兩卷,考據宋末元初的東莞宗室及遺民十六人之事跡。而在考究過宋代後,又回到明代,再寫《明東莞五忠傳》,重整明末五位出身東莞的名臣袁崇煥(1584-1630)、陳策(1552-1621)、蘇觀生(1647 年卒)、張家玉(1615-1647)及陳象明(1593-1647)五人的傳記。同年,又因為受同鄉葉覺邁的邀請,動用鄉產明倫堂的資金,重修雍正年編成

的《東莞縣志》，續補及修訂乾隆以來的種種東莞史事與風物記載，書成共一百有二卷。

由此可見，陳氏雖在香港，但其所有著述，不為考述宋明遺臣史事，即為鄉邑修撰地方史志，其用心仍在中國的傳統國故。此前朝遺民的傳記，顯然都是陳氏投射其自身況味所成。至於《東莞縣志》等史志，編撰體例仍一準傳統，分輿地、建置、經政、職官、選舉等編目。而所有著述仍然一反中國大陸「新文化運動」的風尚，寫作都以文言，行文不著標點，編印仍用線裝。陳伯陶身體力行，在香港此一英國殖民地，致力延續了中國傳統的史志編著。

殉國不殉國？香港為陳伯陶解脫

陳伯陶的一系列著作，大抵都出於其遺民情感。對前朝如此盡忠，但既沒有如溫肅等人般留在北京繼續侍奉清室，又沒有隨而殉國，反留在香港避難，此在陳氏心中不是沒有引起矛盾和掙扎。然而有趣的是，香港此一殖民空間卻助其解套。其七十歲之時，曾作〈七十自述一百三十韻〉憶述前塵，而詩末寫到：

> 鄉人欲壽我，在我惟祈死。君親未從殉，師友缺哀誅。會同首陽槁，不作靈光歸。作詩以述哀，壽者且休矣。[25]

有謂「人生七十古來稀」，難得活至七十，鄉民都向其祝壽，但陳氏卻不以為然，但求其死，無非自知在盡忠而言，既然沒有隨師友殉國，絕不應還寄望長壽，因此「壽者且休矣」。雖然未有自盡，但陳氏亦堅持「會同首陽槁，不作靈光歸」，而不臣二朝，甚至希望效法上古的伯夷叔齊不

食新朝俸給，絕食首陽山的故事。伯夷和叔齊，為商末遺臣。周室建國後，以食周朝國土所種出的穀物為恥，於是上首陽山採薇而食。然而後來有一婦人即向其直指「此亦周之草木」，二人於是羞愧絕食而死。此事載《史記》，置於列傳第一篇，為歷代士人所讀，陳伯陶亦不例外，因此引為詩末結語。

然而，雖説要「會同首陽槁」，陳氏畢竟沒有絕食，甚至在牛池灣種田。在其七十大壽之年，又寫就一篇〈槃園記〉：

> 余寄伏九龍，得地於牛池灣之西，廣一畝有奇。幽澗潆洄，注為小池，後枕崇阿，饒竹木之勝；前俯平陸，極煙嵐之觀。因樊之名曰槃園，中搆屋三椽，曰槃廬，取《詩·考槃》之義也……余生不辰，居海濱者十有三年矣。昔人嘲夷齊不食周粟，而食周薇，惟茲租借地，我為其主，固非首陽比也，而槁餓則同……槃園何所有兮，有果有蔬；廬何有兮，有琴有書；彼槃旋者何人兮，山澤之癯；嗟四方其靡騁兮，九夷與居。局袁閟於土室兮，臥焦先於草廬。念天地悠悠兮，吾生須臾。獨窮處成樂兮。噫斯其兮古碩人之徒與。**26**

陳氏在牛池灣的田地，雖然只有一畝，但在其中開鑿了一個小池，「後枕崇阿，饒竹木之勝；前俯平陸，極煙嵐之觀」，風景十分優美，不似有殉國之志。其亦自覺要為此番行事辯解。「昔人嘲夷齊不食周粟，而食周薇，惟茲租借地，我為其主，固非首陽比也」，《史記》上的婦人乃至後世都嘲諷伯夷和叔齊二人不食周粟，但採周薇，是自相矛盾，陳氏如今不食民國俸給，但仍自闢田地，看似與其二人一樣。然而在他看來，自己與夷齊二人不同，因為其所住的九龍係中國向英國出借之地，但又不是民國國土，於是陳氏反為土地之主，在其上種田亦不算食民國田產，

於是就能繼續享受此小田地的風光，「有果有蔬，有琴有書」。

今日看來，此說不過狡辯，到底是不願殉國而已，但就折射出前清遺臣複雜矛盾的心理世界。陳伯陶始終忠於清朝，悲痛其國家破亡；但既自命故老，不能接受時下「民國無君」而可以轉仕的說法，又沒法在傳統忠君之道上追隨到極致而自盡殉國，於是惟有在中間游移：堅決不仕民國，從此歸隱；又身體力行，接濟皇室，以稍盡忠臣之責。不過種種矛盾仍時常湧現，憶起伯夷叔齊的故事依然心覺慚愧。但在香港，陳伯陶除卻可在此逃離亂世，還找到了至少能說服他自己，繼續「食周粟」活下去的理由。

參考資料及延伸閱讀

陳伯陶：《陳文良公集》（香港：學海書樓，2001）。

陳紹南：《代代相傳——陳伯陶紀念集》（香港：編者自刊，1997）。

羅香林：〈中國文學在香港之演進及其影響〉，載氏著：《香港與中西文化之交流》（香港：中國學社，1961）。

註 釋

1　賴際熙日後曾讚譽陳銘圭道：「聘為儒師，莊亦道隸，冠服反古，匪曰違世，溝猶不寫，老釋並訶，寧知禮堂，孔李通家，惟我先生。」見氏著〈羅浮酥醪洞主陳先生象贊〉，載陳銘圭：《長春道教源流考》（台北：廣文書局，1975），頁 1-2。日後陳伯陶與賴際熙同樣高中入值翰林，又同流移香港，互相多所扶持合作，詳後。

2　陳紹南編：《代代相傳 —— 陳伯陶紀念集》（香港：編者自刊，1997），頁 10。

3　詳參台灣中央研究院歷史語言研究所編之網上公共資料庫：《明清人物權威資料查詢》，http://archive.ihp.sinica.edu.tw/ttsweb/html_name/（訪問日期：2016 年 3 月 3 日）。

4　陳伯陶先是將京城家眷遷往家鄉東莞，再前往西安追隨。其間歷程有日記存留，參其《隨扈日記實錄》，載陳伯陶：《陳文良公集》（香港：學海書樓，2001），頁 21-202。

5　參《明清人物權威資料查詢》。

6　參盧健民：〈暨南逸史 —— 暨南監督陳伯陶探花〉，載暨南大學官方網頁「暨南大學新聞網」：http://news.jnu.edu.cn/sdjn/wh/2014/12/16/09003134616.html（訪問日期：2016 年 3 月 3 日）。

7　羅香林：《香港與中西文化之交流》（香港：中國學社，1961），頁 197。

8　陳伯陶：〈七十歲述哀一百三十韻〉，載陳伯陶：《陳文良公集》，頁 281。其請假文書，於宣統元年（1909）的《政治官報》有載於〈江總督張人駿奏置江寧提學使請假片〉：「再據署江寧提學使陳伯陶詳稱：『蒙恩簡放署任以來，親母葉氏即迎養至寧。寧地苦寒，親母久居溫帶，且年逾八十，血氣就衰，每遇隆冬輒患痰喘諸病，久醫未痊。近日深秋即發思歸切，伴送乏人。籲懇給假送親回鄉就醫』等情，詳請具奏前來。臣查該署司所陳係屬實情，迎懇天恩俯准給三月俾得送親回籍，如蒙俞允再行。由臣遴員署理江寧提學使篆務，一俟陳伯陶假滿即飭回任，以重職守謹，會同江蘇巡撫臣瑞澂附片具陳，伏乞聖鑒訓示，謹奏。宣統元年九

月十七日奉朱批著賞假三個月，欽此。」見《政治官報》，宣統元年（1909）第728 期。

9　　陳伯陶：〈七十歲述哀一百三十韻〉，頁 281-282。

10　　同上，頁 283-284。

11　　陳伯陶：《瓜廬詩賸》（香港：編者自刊，1931），卷下，頁 26。

12　　李景康：〈紀賴際熙等保全宋皇臺遺址〉，載簡又文編：《宋皇臺紀念冊》（香港：香港趙氏宗親會，1960），頁 264。

13　　陳紹南編：《代代相傳 —— 陳伯陶紀念集》，頁 28、105。

14　　鄧又同：〈香港學海書樓之沿革〉，載學海書樓編：《香港學海書樓講學錄選集》（香港：編者自刊，1990），頁 2。

15　　張學華：〈江寧提學使陳文良公傳〉，載陳紹南編：《代代相傳 —— 陳伯陶紀念集》，頁 33、34。

16　　蘇澤東編：《宋臺秋唱》（香港：編者自刊，1917），頁 1。

17　　陳伯陶：《瓜廬詩賸》，卷下，頁 29-30。

18　　陳伯陶：〈七十歲述哀一百三十韻〉，頁 263、282。

19　　同上，頁 263-264。

20　　陳伯陶：〈與張寓公書〉，載氏著：《瓜廬文賸》，卷一，頁 64-66。

21　　陳伯陶：〈壬戌北征記〉，同上，卷二，頁 45-46 上。

22　　陳伯陶：〈七十歲述哀一百三十韻〉，頁 284-285。

23　　同上。

24　　陳伯陶：《勝朝粵東遺民錄》（台北：文海出版社，1985），頁 1-2。

25　　陳伯陶：〈七十歲述哀一百三十韻〉，頁 286。

26　　陳伯陶：〈榕園記〉，載氏著：《瓜廬文賸》，卷二，頁 2 上 - 下。

朱汝珍

——在香港重振孔學的溥儀近臣

朱汝珍為黃大仙祠題寫的「盂香亭」及左右對聯

在賴、陳二位之外，另一前清遺老朱汝珍就展現了別樣的身世曲折。朱氏本名倬冠，字玉堂，號聘三，又號隘園，廣東清遠人。父親猷章曾於太平天國之亂中參軍，以戰功升任知府。[1]兄長汝錡、汝瑚、汝璟及汝琳等各為地方縣事或武職。[2]雖非顯赫，亦係官吏之家。舉業之中，以汝珍成績最高。光緒二十九年（1903）朱氏中舉之後，翌年殿試再以一甲第二名進士及第，光耀門楣。但1905年清廷即廢科舉，朱汝珍成為了中國最後一位科舉榜眼。

考試後朱氏如同其他進士，授翰林院編修。兩年後（1906）獲選派往日本法政大學修讀法律，以最佳成績畢業，漸次成為律政官員。[3]回國後任刑部主事以及京師法律學堂教授。時值清廷力於法律改律，以求司法與西方現代國家接軌，並聘請日本法學家松岡義正（1870年生）及岩井尊文等人指導編修新律，朱汝珍又任修訂法律館纂修，參與其中，尤其負責調查各省士民的商業習慣以訂立新的商業法律，上交數十萬言詳細報告，貢獻匪淺。[4]可惜新法律未及頒佈，清朝已然覆亡。清室遜位後，朱汝珍未有如其他遺臣逃亡或隱居，仍然侍奉朝廷。1921年並著手編纂《德宗實錄》。1924年，再受遜帝溥儀賞識，授「南書房行走」，成為皇帝近臣。[5]朱汝珍從未有如賴、陳二人般革命後就避難來港，本來一意願追隨前清，但一切事與願違。

朱汝珍與溥儀朝廷的黨爭

1924年，於直奉戰爭中得以控制北京的西北軍閥馮玉祥（1882-1948）大幅削減原來以安撫清廷皇族隨臣的《清室優待條件》，迫令其離開紫禁城。旁徨之際，溥儀等眾避入日本使館，羅振玉（1866-1940）與朱汝珍等近臣緊緊追隨，商議對策，並向各地遺老求援。及後由於得日

方公開收容，於是曾往日本留學的朱氏就受命前往聯繫，最後由汝珍安排，將皇室安頓在天津日本租界下，日本領事館對街的大宅「張園」入住。[6] 然而此園卻成為了朱氏離開溥儀的導因。

張園本係清末駐武昌統制張彪（1860-1927）的遊藝園，張氏於辛亥革命後寓居於此。如今招待皇室，雖然其本人對溥儀不收受租金，並每日在園中打掃以表其忠；[7] 但由於張園早已當押，因此皇室仍需要為園宅支付租額。[8] 然而朱汝珍既經手此事，卻涉嫌從中收受差價獲利，將其本額五千，而報稱八千。事情由張彪近侍告發，引起溥儀大怒。[9] 朱汝珍自覺委屈，曾向羅振玉求助辯白。[10] 不過此後朱氏就備受冷落，1929 年乃經上海流落香港。

朱汝珍在香港留下多片墨寶題詞。如 1920 年同鄉朱翰亭在香港的粉嶺建立道觀藏霞精舍，於是朱氏為其題寫匾額。1932 年保良局新大樓落成，其正門牌坊及左右門聯亦由朱汝珍所題。1940 年，朱氏又為保良局前座撰書壁聯：「保民足以興邦，所望推恩加四海。良法原於美意，用先施惠濟孤寒」。1933 年則為黃大仙祠題「孟香亭」及左右對聯。1935 年則為東華醫院題「共懷匡濟」門額。

朱汝珍的香港事業

朱汝珍來港後，自然就與在港的其餘前清遺老相善，於是在 1931 年獲邀往香港大學中文系任教，與賴際熙等人共事，也在學海書樓講學。[11] 另外，朱氏更參與了同樣是推動中國傳統學術的孔教學院，並主理香港的清遠同鄉會。

香港孔教學院

香港自清亡後，正如前篇所述，在 1920 年代已逐漸成為了傳統國學得以繼續發揚的重鎮，此尤其表現在香港大學中文學院的成立與其古文傾向，以及學海書樓的開幕。除此以外，孔教亦在香港延伸。孔子並非教主，其學說也本非宗教，更曾強調「不語怪力亂神」。然而晚清之世，中國面對西方力量的挑戰，各方知識分子開始思索中國傳統如何能回應外來的種種衝擊。其中康有為就指出，西方之強盛係在於商會及教會在國家背後的支持：「英之滅萬里之印度也，非其國也，十二萬金之商會滅之也；教之遍地球也，非其國也，十餘萬人之教會為之也。」[12] 因此，為對抗西方的基督信仰，以及於世界自強，中國應該發展自有的國教。此舉既可捍衛中國傳統的信仰，更可彌補洋務運動以來過分著重科學器物改革的弊端，改善百姓風尚。而此一套國教，則應是由儒學改革而來。於是在戊戌維新時，康氏就曾奏請廢絕天下淫祀，改建為孔廟；並建立孔教會，將之奉為國教。[13]

可是一切尚未及實行，維新就在政變下結束，但康氏在民間仍然戮力發揚。其學生及女婿陳煥章（1880-1933），亦追隨其腳步。陳氏在1912 年自美國留學回國後，就在上海創立孔教會。1913 年獲袁世凱聘為總統顧問，更請定孔教為國教。不過，雖然康陳等人十分熱情，但不少人不為所動。連康氏另一位高足梁啟超，也懷疑將孔說發展為宗教的需要，請定國教的議案亦被國會否決。然而陳氏始終堅持此孔教運動，後來在江蘇、浙江及廣東設立孔教會支部。[14]1930 年，陳氏將活動延續至香港，在般含道設立了孔教學院，每周日向公眾講學。當時與會者眾，講學聽眾達二百餘人，華文報章都有廣告其講學內容及情形。[15]另外又有經學專修班及中、小學數班。[16] 舉行祭孔儀式，亦冠蓋雲集，來賓皆知名人士。《華字日報》見其盛況，亦嘆道：「近日內地放而不祀，而香港乃

有此盛舉，不可謂非孔教復興之機也。」[17]

1933 年 12 月，陳煥章逝世。[18]朱汝珍獲學院董事會聘為院長，延續事業。上任後銳意創新，除每周的定期講學，再有年度特別演講，並且刊行特刊，再行推廣。[19]為充實學院，並又延請另一寓居香港的前清翰林區大原（1869-1945）為副院長。[20]同時正式令孔教學院在香港註冊。[21]1936 年，年屆六十七歲的朱氏更親赴新加坡、馬來西亞及泰國為孔教學院籌款。此為香港及東南亞各地盛事，不僅香港報章全面追蹤朱氏行程，南洋各國亦多有報導，且歡迎者眾。[22]如抵埗新加坡時，當地中華總商會及清遠會館代表，以及孔教學會及記者十人即前往碼頭相迎。[23]朱汝珍在新城逗留約兩周，此後又往馬來西亞吉隆坡、怡保及檳城各埠，再轉往泰國。其在各地，都與華商會、清遠會館及其他孔教會支部會面演講，並在中學講學，宗旨都在發揚孔教及力陳孔學於當世的重要，並由同行的學院秘書許超然呼籲捐款。[24]此次南遊，共籌得超過二萬餘金，其中一萬七千餘乃得以用作清還此前陳煥章購買院址的抵押，可謂滿載而歸。[25]1941 年，朱氏又倡議重印陳氏的《孔教論》，以再行推廣。[26]朱氏在辭任香港大學教席後，晚年著力，大多於此，為其在香港的重要事業；對於孔教學院亦建樹良多。今日孔教學院在香港依然活躍，令人仍能感受朱汝珍在香港的影響。

清遠公會與同鄉救濟

孔教事業以外，朱氏亦關心同鄉福祉。自香港開埠以來，南來的內地士民日多，在港的旅港同鄉會紛紛成立。早在民國以前，已有清邑誠敬堂成立，負責拜祭落葬香港的清遠同鄉。1912 年，鄉人組織清遠僑港公會，更曾數度在香港籌款，賑濟家鄉。但後因經營不善，經費不足而解散。[27]然而聯絡鄉誼、互相扶助，於旅港鄉親始終重要，於是 1921

約 1930 年慶祝孔子誕辰的牌樓，位於普仁街與保良局新街交界。（鄭寶鴻提供）

今日之孔教學院大成小學

年，又成立清遠公會。[28] 並在 1931 年，以最高票數公舉朱汝珍為公會會長。[29] 同年，清遠歷經百年一遇的水災，公會立刻呼籲各界鄉人捐款賑災，並興建新的水利工程，挽救良多。[30]

雖然公會及後因為清遠工商凋零，旋即衰落，並發生財務糾紛；朱汝珍任會長亦只有兩年，至 1933 年公會換屆時，就不再續任，然而朱氏仍一直熱心鄉務。[31] 如 1934 年清遠設局重修縣志，朱汝珍即應聘為總編輯，補載清遠於光緒年後六十年的各種風俗民情，亦訂正前史的各種錯誤，終著為共二十一卷，洋洋十餘萬字。[32] 1935 年 3 月，清遠又暴雨成災。其北江洪水暴漲，沖毀各大小基堤，災情奇重。香港的清遠僑民再成立「清遠僑港籌賑水災會」，朱氏再任會長，向各界呼籲捐款。[33] 1940 年，又一清遠同鄉組織「清遠同鄉協助社」成立，並籌辦同鄉子弟義學。朱氏雖已不再擔任會內職任，但亦參與籌款，並資助會務月費。[34]

朱汝珍與日本

然而，朱汝珍種種事業，面臨日軍侵港亦不得不輟。1941 年 12 月，日本佔領香港，各種工商及文教活動停頓。據曾參與當時清遠公會的黃文根憶述，翌年日佔香港總督磯谷廉介（1886-1967）曾邀請朱氏出任一華人委員會的主席，但為朱氏所拒。[35] 雖然不與日軍合作，但其與日本方面的關係其實是千絲萬縷。

正如前述，清亡後朱氏仍追隨溥儀，而且清室在被馮玉祥趕出紫禁城後向日方求援時，亦是由曾往日本留學的朱汝珍穿針引線。及後也是朱氏安排，皇室方可在天津的日租界內、日本領使對街的張園安頓下來，其與日方的聯繫可見一斑。1934 年，溥儀在日方支持下成為「滿洲國」皇帝，各地遺老都上表賀章，朱汝珍也在其中。[36] 另外，雖然其本人

曾追隨清室，亦始終不仕民國，但其長子朱庸壽卻曾任國民政府的河北省典獄長；[37] 而在北京淪陷後，庸壽亦繼續為汪精衛政權效力。事實上，朱汝珍在日軍佔港後，1943 年就離港往北京與長子團聚，不久亦在此病逝。時任「滿洲國」皇帝的溥儀，亦派員賜贈治喪費及匾額致祭。[38] 基於遺老與清室的情感聯繫，以及其自身的日本背景，朱汝珍展現了與當時一般民族主義者不同的對日取態。

今日的清遠市，有一紀念朱氏的朱汝珍公園，建於 2011 年，為清遠市政府主持。據官方網頁說明，此為紀念其「愛國愛鄉」的舉措；[39] 報導更頌讚朱汝珍勇於參加「抗日救亡運動」。[40] 我們自然不能因為朱氏與日方的關係而判斷其是否「愛國」，事實上在戰爭之際，家族存亡的現實之間，有著十分複雜的考慮。但以朱汝珍的真實身世，至少與內地一直所宣揚的「愛國」主旋律，都有相當距離。

朱汝珍眼中的時代與香港

朱汝珍比起前篇的賴、陳二人有著更複雜的身世經歷。其先在清亡後繼續侍奉在遜帝身邊，比起革命就避難香港的遺老更見忠貞，但又容許其子投效民國甚至汪精衛政權，本身又因著溥儀與日本有著不少關係。今人當然不必再以刻板的民族主義眼光去衡量其「愛國」與否，事實上處於當時的複雜情勢，要在各種政權間決定去留殊不容易。朱氏本身既係遺臣，一直追隨清室，自不認同民國政府；其對於當時中國主流反帝制的知識分子與民族主義的論調，可能有其自身看法。而面對擁立其故主，又討伐其政敵——民國的日本，似乎亦帶著複雜的情緒。同時，以家族自身的利益出發，其自身到香港此一英國殖民地謀生，但容許其子出仕民國也許只是「分散投資」，以求得多方保障。在香港淪陷之際，

朱氏就確曾是到了北平投靠其子。朱汝珍一生在清室、日本、民國、港英、滿洲、汪政權之間周旋，活出了與賴、陳二人不一樣的時代矛盾。

朱氏畢生奔波，留下的文字不多，與數十年潛心著作的陳伯陶更是無可比較。今日只能藉其對外演講，一窺其時代思想與香港印象。1936年，朱汝珍到東南亞各國為孔教學院籌款演說時，就提到其目下的時代問題：

> 或謂孔子學說，不適用於科學競爭之今日，至今日而崇尚孔子學說，阻礙進化，汝珍所以仍稱孔教者，固有其道理。今日學科競爭，汝珍雖愚，亦不至不知時務，謂科為非急務，謂須先養成國民之道德以為根本而已。科學為專門者，人必經普通學級，乃能入專門。道德則在入學之始，即須養成；甚至未入學之前，即須訓練，所以在先，其已從事於科學研究者，亦須同時崇尚道德，道德莫如孔子。[41]

可見朱汝珍仍然認為，中國傳統學問始終重要。其不若陳煥章及康有為，致力於論孔學為宗教，不過取其有用於道德之意。演講亦清楚強調，其並不至於認為科學無用，盡提倡舊學而不理新學，只是既然道德為科學之根本，於是中國舊學、孔子學說，自有其價值。觀乎今日中國經濟日昌，但社會無論在公私二德，卻弊病叢生。朱氏之見，實不無道理，但當時卻少有知音。至於香港，亦不失為重振孔學之地：

> 近日人心不古，悖道害理之事，時有所聞，不得不亟為挽救。汝珍以為孔教之在今日，正如歧途之表，中肯之刀矣。香港孔教學院，為陳煥章博士所倡辦，得僑港紳商資助而成立……頗有成績，不幸酉冬陳博士逝世，講席輟響，僑港紳商囑汝珍辦。自維年學荒，本不敢任，繼念

此事於個人、家庭、社會、國家，甚有關係，遂勉承其乏，以造就學人才使能繼續宣傳孔教為宗旨，敬望海內外賢達，有所指導。[42]

香港之孔教學院，歷年已有成績，將來亦為挽救中國國學的傾頹作貢獻。雖然此言為朱汝珍在新加坡募款之言，也許言過其實，但始終從側面說明，香港於朱氏而言，仍算係一有助重振孔學之處。二十世紀初的香港，在前清遺老眼中，除卻是商港之餘，總有其文化角色。

參考資料及延伸閱讀

黃遠奇、李新華：《朱汝珍年譜》，載清遠市政協辦公室網頁：http://zx.gdqy.gov.cn/info/161808（訪問日期：2016 年 4 月 1 日）。

游子安：〈朱汝珍與香港孔教學院——一九三零年代的先賢往事〉，《田野與文獻：華南研究資料中心通訊》（第二十一期），2000 年 10 月，頁 7-11。

註 釋

1　朱汝珍：《清遠縣志》（民國二十四年），頁 40 下 - 42 上。

2　汝錡以貢生候選直隸州州判，汝瑚為福建試用縣丞，汝琳為候選千總，汝瑗為候補廣西巡檢。同上，頁 42 上。

3　《清實錄‧德宗景皇帝實錄》（北京：中華書局，1985-1986），卷 584，頁 719。

4　李貴連：《沈家本年譜長編》（台北：成文出版社，1992），頁 277。

5　愛新覺羅‧溥儀：《我的前半生》（北京：群眾出版社，1978），頁 155。

6　同上，頁 195-197。

7　同上，頁 198。

8　羅繼祖：《我的祖父羅振玉》（天津：百花文藝出版社，2007），頁 139。

9　黃遠奇、李新華：《朱汝珍年譜》，載清遠市政協辦公室網頁：http://zx.gdqy.gov.cn/info/161808（訪問日期：2016 年 4 月 1 日）。

10　羅繼祖：《我的祖父羅振玉》，頁 139。

11　鄧又同：〈朱汝珍太史事略〉，載氏輯錄：《學海書樓主講翰林文鈔》（香港：學海書樓，1933），頁 95。

12　康有為：《日本書目志》，卷 5，載氏著：《康有為全集》（北京：中國人民大學出版社，2007），冊 3，頁 7。

13　〔日〕森紀子：〈中國近代化與孔教運動 —— 孔教運動再思〉，載《近代中國與世界 —— 第二屆近代中國與世界學術討論會論文集》（第三卷）（北京：社會科學文獻出版社，2005），頁 536-539。

14　同上。

15 〈孔教學院舉行開學禮〉,《工商日報》,1930 年 2 月 18 日,頁 11;〈孔教學院第一次講學記〉,《華字日報》,1930 年 3 月 18 日,頁 10。

16 朱汝珍:〈在星洲養正學校大禮堂講辭〉,載許超然編:《香港孔教學院院長朱汝珍太史南遊宣教特刊:道南集》(香港:孔教學院,1936),頁 2。

17 〈孔教學院丁祭紀盛〉,《華字日報》,1930 年 3 月 10 日,頁 7。

18 〈陳煥章逝世矣〉,《工商日報》,1933 年 12 月 13 日,頁 11。

19 許超然:〈在實得力孔教會講辭〉,載氏編:《香港孔教學院院長朱汝珍太史南遊宣教特刊:道南集》,頁 17。

20 陳煥章主理孔教學院時,由其一人獨任院長,朱汝珍上任後始開設副院長一職,並聘區大原任任。盧湘父繼任院長後,則以葉次周為副。見盧湘父:〈香港孔教學院述略〉,載吳灞陵編:《港澳尊孔運動全貌》(香港:中國文化學院,1955),頁 8。

21 見游子安:〈朱汝珍與香港孔教學院 —— 一九三零年代的先賢往事〉,《田野與文獻:華南研究資料中心通訊》(第二十一期),2000 年 10 月,頁 9。

22 香港的報導如《華字日報》:〈教育會歡送朱汝珍〉,1936 年 3 月 17 日;〈朱汝珍今日放洋〉,1936 年 3 月 20 日;〈朱汝珍已抵星洲〉,1936 年 4 月 3 日;〈朱汝珍在星講學〉,1936 年 4 月 8 日,等等。

23 〈香港孔教學院院長朱汝珍今晨抵步〉,新加坡《星洲日報》,1936 年 3 月 24 日,轉引自許超然編:《香港孔教學院院長朱汝珍太史南遊宣教特刊:道南集》,頁 33。

24 南遊行程載於〈南遊紀實〉,同上,頁 33-58。至於演講內容,可參《道南集》所載各篇朱氏之演講辭。

25 〈徵信錄〉,同上,頁 59-60。

26 陳煥章:《孔教論》(香港:孔教學院,1941)。

27 朱汝珍:《清遠縣志》,卷 13,〈社會〉,頁 33 上。

28 〈各社團開幕情形彙記〉,《華字日報》,1921 年 3 月 7 日,頁 6。

29　〈社團消息〉，《華字日報》，1931 年 3 月 16 日，頁 7。

30　朱汝珍：《清遠縣志》，卷 18，〈藝文〉，頁 41 上。

31　〈清遠公會發生糾紛〉，《工商日報》，1934 年 8 月 7 日，頁 7。

32　朱汝珍：《清遠縣志》，卷 1，〈序〉，頁 5 上。

33　〈清遠霪雨為災　朱汝珍在港籌賑〉，《工商日報》，1935 年 5 月 25 日，頁 11。

34　有關當時清遠同鄉協助社的成員，請參〈清遠同鄉協助社昨成立〉，《華字日報》，
　　1940 年 6 月 14 日。至於朱氏的捐助，見游子安：〈朱汝珍與香港孔教學院 ──
　　一九三零年代的先賢往事〉，頁 8。

35　見游子安：〈朱汝珍與香港孔教學院 ── 一九三零年代的先賢往事〉，頁 8。

36　愛新覺羅‧溥儀：《我的前半生》，頁 338。

37　朱汝珍：《清遠縣志》，卷 10，頁 42 下。

38　黃遠奇、李新華：《朱汝珍年譜》。

39　清遠市城管局：〈清遠市創建國家園林城市掠影：公園篇〉，載清遠巿政府網頁：
　　http://www.gdqy.gov.cn/gdqy/cjqgylcs/201309/097f835c68184b099b3445181
　　17b71da.shtml（訪問日期：2016 年 4 月 3 日）。

40　相關報導可參劉俊：〈高峰：清遠千年文化挖礦人〉，載廣州《南方日報》：http://
　　epaper.southcn.com/nfdaily/html/2011-07/15/content_6986942.htm（訪問日
　　期：2016 年 4 月 3 日）。

41　朱汝珍：〈在吉隆坡尊孔學校講辭〉，載許超然編：《香港孔教學院院長朱汝珍太史
　　南遊宣教特刊：道南集》，頁 3。

42　朱汝珍：〈在星洲養正學校大禮堂講辭〉，頁 2。

宋王臺

——前清遺老的史跡追尋

宋臺秋唱圖（高添強提供）

寓港前清遺老的種種面相，已如前篇所述。此一眾宮廷翰林，因為逃避革命而流落香港，縱使賴際熙等仍然長袖善舞，但畢竟由京師朝臣變成異域難民，身心都飽歷創痛；而以今日觀之，其畢生捍衛的傳統國學，在香港現代化的面目下也已然消褪，仿佛不曾有過任何重大影響。然而細究其行，其實一眾前清遺臣無形中已在香港大眾的記憶裏烙下深刻印記。宋王臺古跡的保留與九龍城的歷史身世，就是其中顯例。

九龍城與宋代史連結的開始

在今日香港中、小學的歷史教科書中，宋王臺已是用以說明古代香港與中國關係的重要例子。雖然根據「宋王臺」上「清嘉慶丁卯年（1807）重修」的字樣，現存之紀念石碑為晚清所建，但正如教科書所指，相傳此為後人紀念南宋末年少帝趙昰（1269-1278）與趙昺為逃避元朝蒙古軍的追擊，曾在九龍城的山崗上逗留而刻就。[1]1959 年，港府為保存石碑，還興建公園予以紀念，使之成為九龍史跡的地標。園內的《九龍宋皇臺遺址碑記》就鄭重說明了其歷史價值：

> 考臺址明、清屬廣州府新安縣，宋時則屬廣州郡東莞縣，稱「官富場」。端宗正位福州，以元兵追迫，遂入海，由是而泉州而潮州而惠州之甲子門，以景炎二年春入廣州。治二月，舟次於梅蔚，四月進駐場地，嘗建行宮於此，世稱「宋皇臺」。或謂端宗每每慈息於石下洞中，故名，非所知矣。其年六月，移蹕古塔。九月如淺灣，即今之荃灣也。十一月元兵來襲，乃復乘舟遷秀山。計駐於九龍者，凡十閱月焉……石刻宜稱「皇」，其作「王」，實沿元修宋史之謬，於本紀附二王，致誤今名。是園曰「宋皇臺公園」，園前大道曰「宋皇臺道」，皆作「皇」，

正名也。方端宗之流離播粵也，宗室隨而南者甚眾，後乃散居各地，趙氏譜牒，彰彰可稽。

抑又聞之聖山之西南有二王殿村，以端宗偕弟衛王昺同次其地得名。其北有金夫人墓，相傳為楊太后女，晉國公主，先溺於水，至是鑄金身以葬者。西北之侯王廟，則東莞陳伯陶碑文疑為楊太后弟楊亮節道死葬此，土人立廟以祀昭忠也。至白鶴山之遊仙巖畔，有交椅石，據故老傳聞，端宗嘗設行朝以此為御座云。是皆有關斯臺史跡，因並及之，以備考證。

一九五七年歲次丁酉冬月，新會簡又文撰文，台山趙超書丹。而選材監刻，力助建碑，復刊行專集，以長留紀念者，則香港趙族宗親總會也。

——一九五九年香港政府立石

碑文中，宋室南逃香港的歷史言之鑿鑿，路線經歷還相當仔細，且點出其行宮建置，駐蹕月數。九龍城此一邊陲小區，與中原皇室之關係竟然如斯密切。雖然宋朝皇室後裔趙氏的族譜亦「彰彰可稽」，然而香港的宋史淵源千年以來其實一直模糊，並不顯眼。若非二十世紀初南來的前清翰林努力發掘、想像與追認，恐怕都未必有人能將九龍城與宋朝皇帝連上牽繫。

其實自鴉片戰爭以後，香港的九龍方明確為清廷中央政府所重視。正如本書上卷所述，1842 年英方取得香港島之後，九龍乃成為監視壓制英方軍事的重要據點。在其時清廷對九龍風物的描寫中，宋史的資料極少，惟有一句提到「宋王臺在官富山之東，九龍城寨之西南角，離城寨一二里；志書內載，山頂有盤石，方平數丈，宋帝昺駐蹕於此。臺側巨石有『宋王臺』三字」[2]。所謂志書，應即是王崇熙編的《新安縣志》

An old Chinese Shrine and Cemetery, old Kowloon, Hongkong.

約 1915 年的宋王臺道及馬頭涌道（鄭寶鴻提供）

（1819），其內勝跡略中確有提及宋王臺。但該志書係當時廣東的仿古之作，真偽難辨。而只此一句，亦未見其於清朝官員有特別重視。至於被簡又文（1896-1978）疑為楊亮節葬身之所的侯王廟，也從未見與宋史有何聯繫。如1859年，鎮守九龍寨城的大鵬協副將張玉堂，曾重修侯王廟，以尊重地方信仰；但其各碑文只是感激「神靈庇祐，默授機宜，一帶地方，均獲安靜」，從未提到任何宋代忠臣。[3]

　　1898年，英國藉新條約將香港擴張到新界，九龍不再係殖民地邊疆，港府於是準備大力發展九龍，九龍城的地產項目也排上日程。此時香港華人領袖何啟在讀過德國教士及學者歐德理（E. J. Eitel）的著作《歐洲在中國：從起始到1882年的香港歷史》（*Europe in China: The History of Hong Kong from the Beginning to the Year 1882*）後，卻在定例局力指應該保留宋王臺及附近一帶。歐氏係當時西方漢學的代表人物，長期擔任歐美漢學權威雜誌《中國評論》（*China Review*）的編輯；1870年來港傳教，1879年後加入軒尼詩政府任督學，工餘時間並考究香港古代史，完成了《歐洲在中國》一書，並藉宋王臺提到了九龍城與宋史的微妙關連。據鍾寶賢考證，歐氏此一見解的來源係晚明筆記《崖山志》，然而正如《中國評論》的一篇文章指出，此本《崖山志》只係一無數互不相關的野史合集而成（a heterogeneous and irrelevant production），其關於宋帝南逃的記載亦並不可信。[4] 但無論如何，何氏卻藉歐氏此書找到了向港府提議保留宋王臺的依據。其謂，隨著中國局勢日益動盪，而香港在英國管治下持續發展，將會愈加吸引大量北方移民，應該預留一公共用地以作未來興建公共設施。否則一旦被拍賣私有，港府就難以收回；其次，英方亦應保留一歷史古跡以點綴此一新興殖民地。宋王臺以其與宋代皇室的微妙歷史關係，六百年的歷史，應該得到重視。[5] 何啟的提議，隨即得到港府的認同，定例局並在翌年（1899）通過了《宋王臺保護條例》（*Sung Wong*

Toi Reservation Ordinance）保留宋王臺用地，以作公共遊憩及保育古跡，不作其他用途，違者需賠償一切損毀費用。但條例同時註明，如港督認為該地有需要作其他發展，仍能改變用途，不屬違法。[6] 可見宋王臺的保留，正如何啟建議，始終有其實用考慮，不完全為保育古跡，因而預留港督能收回其地的法律空間。基於此一行政方便與點綴殖民地的政治需要，九龍城的宋史傳說就透過法律被保留了下來。

陳伯陶與九龍史跡的發掘

於是，及後清亡，當一眾遺老來港，就得以親睹此一「宋代古跡」，並觸發其無盡的懷想與哀思。正如前篇李景康所記，賴際熙與陳伯陶，閒來就「相與躑躅於宋臺遺址。兩先生徘徊瞻顧之餘，輒興異代相感之思」。[7] 其中陳氏更是深受觸動：

> 余嘗登宋王臺，眺海山之蒼蒼，海水之茫茫，慨然想秋曉諸人，往來仰墟禾黍間未嘗不俯仰古今，為之涕泗滂沱而不能已已也。因復輯此錄，自為把翫，且以貽世之同志。[8]

趙秋曉即趙必瑑，為宋朝宗室，宋末時追隨文天祥等人南逃；宋亡後隱居不出，浪跡天涯。[9] 陳氏登臨宋臺，懷想宋事，感懷流涕，於是開始編著《宋東莞遺民錄》，考輯東莞過去史書所忽略的各個遺民事跡，希望將之發揚。就在此過程中，陳氏發掘出種種宋代遺事，並開始注意到香港的宋史淵源。其首先明確指出，宋史所載的官富場即是今日的九龍；端宗駕崩所在的碙州，亦即大嶼山。[10] 當中的推論，在後來其重修的《東莞縣志》中就交代得最為清楚：

按吳萊《東南人物古跡記》，大奚山在東莞南，一曰碙州。陳仲微《二王本末》云碙州屬廣之東莞縣，與治相對第隔一水……《大清一統志》，大奚山一名大漁山，《輿地紀勝》在東莞海中有三十六嶼居民以魚鹽為生。《新安志》作大嶼山漁嶼一音之轉，宋史云碙州即今大嶼山也。[11]

陳氏以其廣博的傳統史志知識，在查考過元代吳萊的《東南人物古跡記》、陳仲微《二王本末》以及後來清代的《大清一統志》與《新安縣志》等書，力指宋帝南逃曾途經香港。宋王臺的宋代身世，就不再只繫於晚明筆記或歐洲漢學家著作，而有豐富的中國史料支持。

除此以外，陳伯陶又將九龍的二王殿村、金夫人墓及侯王廟都指為宋代古跡。所謂的「二王殿村」，即今日馬頭涌一帶，於 1920 年代因地區發展而被清拆。據陳氏考述：「官富場宋皇臺之東有村名二王殿，景炎行宮舊基也。新安縣志稱土人因其址建北帝廟。」陳伯陶在當地檢獲一舊瓦片，還認為即是宋代古物。[12] 至於金夫人墓，為宋王臺北的一古墓，相傳為宋朝另一宗室晉國公主之墓。雖然此墓在陳伯陶來港前十年已被拆毀，但其仍著詩頌揚。[13] 而九龍城的侯王廟，雖然此前張玉堂等人並不覺其有何宋代關連，但在陳氏的發掘下，侯王就被論證為南宋忠臣楊亮節：

考楊侯古廟所崇祀者乃宋末忠臣楊亮節，宋帝為元兵追逐至於海隅九龍駐蹕……亮節侯護駕並禦元軍……帶病奉公，不幸藥石無靈，薨逝九龍，葬於城西，歿後追封為王，其公忠體國名垂青史，土人為崇功報德，遂建廟奉祀，藉期庇蔭每於農曆六月六日侯王寶誕。[14]

更有甚者，陳伯陶還為侯王廟創作《送神曲》以供大眾於節慶演奏，

十九世紀末的九龍城侯王廟（高添強提供）

歌頌楊亮節的美名。於是，侯王即是楊臣的說法，透過地方宗教活動深入民間。總而言之，圍繞著宋王臺，陳伯陶多方發掘，無論是宋軍南逃路線，還是二王殿村、金夫人墓以及侯王廟的歷史傳說、楊侯神曲，都繪形繪聲，演活九龍城的宋代身世。

賴際熙與宋王臺的再保留

但與此同時，港府卻希望重新開發宋臺地段。1910 年代初，港府擬將宋臺所在的聖山一帶競投賣地發展。地產商李炳（1870-1953）早於業界收到消息，於是立時通知已然來港的前清遺老賴際熙。賴氏以其在香港大學執教的關係，遂向時任港大副校長的伊理雅爵士（Charles N. E. Eliot, 1862-1931）求助，請其轉電港督梅含理（Francis H. May, 1860-1922），希望其能收回成命，保全古跡。梅督最後允其所請，宋臺乃再次免於被毀。

及後港府工務局（Public Work Department）建議，聖山地段廣闊，保全古跡之餘仍應劃定區域，以求界外地方可賣地競投。華民政務司夏理德（Edwin R. Hallifax, 1874-1950）於是會同工務局勘界劃定古跡範圍。1911 及 1912 年間，李炳更熱心捐建石垣圍繞，標明界屬以示維護；並於路旁建立牌坊，裝飾園地。李氏及一眾前清遺臣本來還希望在區內刻鑿石碑記述宋臺史跡及保全經過，陳伯陶並已撰作〈宋王臺新築石垣記〉，賴際熙及後亦謄寫之以作為石碑底本。可惜後來華民政務司夏氏離職返英後，計劃就不了了之，且隨著陳、賴二人後來相繼去世，加之日軍侵華，刻碑一事始終不果。香港光復後，李炳原本仍想再度與港府商量刻碑，但旋即病倒，並於 1953 年病故。陳氏碑文最後只載紙上，散收於其各種詩刊及文集當中，而無可成實。但賴氏、陳氏及李氏等保護古跡之

力仍是超然，否則宋臺仍無以保存至今。[15] 而修葺過的宋王臺更為美觀，成為時人的郊遊熱點。據 1934 年《天光報》報導，當時前往宋臺的遊客接踵而來，連潮流的「摩登男女」亦是喜愛，附近的雲吞店與茶店都應接不暇。[16]

前清遺臣的宋臺秋唱

修整後的宋王臺，當然亦是遺老們的聚腳處。1916 年秋，對宋史研究深刻的陳伯陶有感於懷，希望紀念宋末追隨二帝南逃的宗室趙必瑑生辰，於是邀請各遺老文友，大會宋臺唱遊；並在翌年將其間所作詩詞，彙編成文集《宋臺秋唱》出版。今日我們遂得以管窺一眾遺老對宋王臺的諸般情感，以及其群體網絡。在詩集所見，有詩文與載的除卻賴際熙、陳伯陶及前篇已提及的陳氏摯友張學華，還有前翰林院庶吉士吳道鎔（1852-1936）、前翰林院編修丁仁長、前湖北鄖陽知府伍銓萃、前安徽提學使張其淦、前兩廣總督岑春煊幕僚及革命黨人汪精衛兄長汪兆鏞（1861-1939）、前藏印商約議約大臣參贊何藻翔（1865-1930）、民國廣東藏書家黃佛頤等，可見基本上仍然係前清遺老的團體活動。至於宋王臺所觸發的，都係亡國憂思。如賴氏的〈登宋王臺作〉就寄寓了對中原破亡的憐憫，及訴說其對復國的無力：

九州何更有埏坻，小絕朝廷此地開。

六璽螭龍潛海曲，百官牆壁倚山隈。

難憑天塹限胡越，為訪遺碑剔草萊。

宋道景炎明紹武，皇興先後總南來。

登臨遠在水之湄，豈獨興亡異代悲。

大地已隨滄海盡，怒濤猶挾故宮移。

殘山今屬周原外，塊肉曾無趙氏遺。

我亦當年謝臯羽，西臺慟哭只編詩。**17**

　　沿著宋王臺的傳說，賴氏遙想宋代故事，慨嘆九州的廣闊大地，中原朝廷卻要逃到「此地開」。然而南方天涯沒有艱險「天塹」能阻截蒙古「胡越」。其又由南宋末「景炎」想到南明的紹武帝。「景炎」為南宋末帝端宗趙是年號（1276-1278），正是相傳曾逃到九龍而留下史跡的「宋王」；而紹武即是指南明文宗（朱聿鐭，1605-1647），在清兵入關後逃到廣州一帶，登基稱帝，然而只四十日就旋即敗亡。兩代「皇輿」先後南來，悲苦之際，卻仍然要在大地將盡的海邊逃竄。賴際熙此番聯想，自然是投射自身亡國後南逃香港的身世。思緒回到今天，留傳昔日史跡的宋王臺，卻也成為殖民地而「周原外」，亦不見任何皇室遺裔。其為故國力所能及的，直如當年宋亡後在南方組織月泉吟社寫作抒發亡國之痛的謝翱（1249-1295）一樣，編作詩文而已。雖身在香港，賴氏懷想的仍是亡國心情。

　　另外，何藻翔在憶起宋代史事之餘，也念天地悠悠，並批判民國：

嶺南今士族，半是宋遺民。重話咸淳事，都為龍漢人。

雲車風馬想，甲子大溪濱。一盞薦寒菊，秋風唱角巾。

設位兼林謝，招魂復趙方。盡教亡國鬼，坌集化人場。

生死還今日，興亡盡此艫。茫茫十七史，何必問滄桑。

攬揆登高後，江山秋氣多。併為三日哭 辛亥廣東獨立九月十九日，且續七哀歌。

天命已如此，古人無奈何。菜羹何處有，初念肯蹉跎。 辛亥十二月十六日

棄官。

> 九龍成異域，漫說宋王臺。只合中原死，寧徒易姓哀。
>
> 忠臣出盜賊，遺老空萊萊。淚盡厓門水，花溪魂儻來。[18]

　　何氏對於嶺南與宋代之間的想像更形豐富，在其看來，南方的士族泰半都係宋代遺民。咸淳為南宋末帝度宗（趙禥，1240-1274）年號（1265-1274），期間蒙古軍攻破襄陽，正大舉攻宋。但提及宋末往事，嶺南士族仍以漢人自豪。可見何氏對於自身傳統文化仍具自信與熱情。然而事實始終是國破家亡，一眾士人當前只能在宋臺之下，為亡國鬼招魂。何氏轉念之間，又想到歷史長河中「茫茫十七史」，朝代幾番起伏，何必在意。不過清室破滅，始終遺憾，在廣東獨立反清之時，何氏仍然痛哭難耐。「天命已如此」，一切無可奈何。面對不少前清官宦已入仕民國而為「盜賊」，遺老只能在已成「異域」的九龍宋臺，空懷悲切，傷心淚盡。

　　在悲痛之中，無論賴際熙抑或何藻翔都提到，已成異境的九龍，微妙地成為了他們至少能暢所「漫說」懷想的地方。香港於一眾遺老，是為一奇妙空間，不特阻隔了北方民國的反清、反傳統浪潮，更有一宋臺巨石，銘刻異代的亡國傳說，得以為其抒發自身的國愁家恨，宛如一個另類的桃花源。汪兆鏞就如此形容：

> 狼烽海上驚浮槎，忠憤鬱勃起夐遐。
>
> 靈兮歸來駕青霞，荒臺冥冥酹殘茶。
>
> 菜羹茅屋何為家，一成一旅勇倍加。
>
> 厓門風雨摧羲牙，遺址今作桃源花。
>
> 誰識故侯青門瓜，飄忽桂旗辛夷車。

匡云廢苑懷昌華，俛仰獨悲去國賒。[19]

　　汪氏歌頌前代遺臣，亦為其招魂，以「靈兮歸來駕青霞，荒臺冥冥酹殘荼」。而當年宋末朝臣軍士勇毅抗元留下的遺址，已成桃源之花。此「世外桃源」，可謂係遺老得以在晚年安身立命、顧影自憐的九龍了。

參考資料及延伸閱讀

　　蕭國健：《寨城印痕：九龍城歷史與古跡》（香港：中華書局，2015）。

　　趙雨樂、鍾寶賢主編：《香港地區史研究之一：九龍城》（香港：三聯書店，2001）。

　　Han Tze-ki, "A Rock, a Text, and a Tablet: Making the Song Emperor's Terrace a Lieu de Mémoire", in Marc A. Matten (ed.), *Places of Memory in Modern China: History, Politics, and Identity* (Leiden; Boston: Brill, 2012), pp.133-165.

註 釋

1   周佳榮：《新世紀中國歷史 2》（香港：香港教育圖書公司，2000），頁 88。

2   〈勘建九龍城全案〉，載陳鏸勳著、莫世祥編：《香港雜記（外二種）》（廣州：暨南大學出版社，1996），頁 108。

3   見〈重修侯王廟碑〉，載科大衛、陸鴻基、吳倫霓霞編：《香港碑銘彙編》（香港：香港市政局，1996），頁 115-116。

4   鍾寶賢：〈宋末帝王如何走進九龍近代史〉，載趙雨樂、鍾寶賢主編：《香港地區史研究之一：九龍城》（香港：三聯書店，2001），頁 15-18。

5   *Hong Kong Hansard*, August 15th, 1898, pp.50-51.

6   "Sung Wong Toi Reservation Ordinance, 1899", *Historical Laws of Hong Kong Online*, accessed 11 May, 2016, http://oelawhk.lib.hku.hk/items/show/898.

7   李景康：〈紀賴際熙等保全宋皇臺遺址〉，載簡又文編：《宋皇臺紀念冊》（香港：香港趙氏宗親會，1960），頁 264。

8   陳伯陶：〈序〉，載氏著：《宋東莞遺民錄》（上海：上海古籍出版社，2011），頁 407。

9   同上，頁 408。

10 蘇澤東編：《宋臺秋唱》（香港：編者自刊，1917），卷中，頁 1 上 - 頁 2 上。

11 陳伯陶：《民國東莞縣志》（上海：上海書店，2003），頁 252。

12 蘇澤東編：《宋臺秋唱》，卷中，頁 1 上。

13 同上，頁 3。

14 陳伯陶：〈侯王古廟聖史碑記〉，載科大衛等編：《香港碑銘彙編》，頁 447。

15   李景康：〈紀賴際熙等保全宋皇臺遺址〉，載簡又文編：《宋皇臺紀念冊》，頁264。

16   〈宋皇臺畔之士女〉，《天光報》，1934年2月18日，頁2。

17   蘇澤東編：《宋臺秋唱》，卷中，頁7上-下。

18   〈九月十七宋皇臺祝趙秋曉先生生日和真逸〉，同上，卷上，頁9上-下。小字為作者原註。

19   〈九龍真逸以丙辰九月十七拜趙秋曉先生生日次秋曉生朝觴客韻詩見示依韻寄和〉，同上，頁3下。

學 海 書 樓

——南來遺臣的國學傳薪

香港中央圖書館九樓設有「學海書樓」特藏

正如前述，流移香港的前清士人帶著比前代遺民更複雜的情感。因為時至二十世紀，清朝的覆亡同時亦係帝制的終結，其所連帶的一系列中國固有秩序也隨之崩潰；且隨著國勢傾頹，傳統文化亦備受猛烈批評。以前清朝士自命的南來遺臣，不僅帶國破家亡之悲，更懷著自身信仰在中土陸沉，而花果飄零的哀嘆。是以其在香港紛紛力於廣傳國學，而組建了開放公眾的文化講壇與圖書館「學海書樓」。今日書樓依然以各種方式運作，當年一眾遺老的堅持，香港至今仍感受得到。

書樓講學：傳統書院文化的延續

自歷史的源流而言，南來的前清遺老在香港開壇講學，可謂將中國傳統的書院文化引進此一英國殖民地。士人的民間講學，自然可以上溯至春秋時期孔子等周遊列國的故事。然而學人聚眾結社，自立學院則起於唐代。為貫徹科舉取士，獎勵學術，自唐代起各地州縣都有官府設立學校，以培養生員，訓練人才。然而晚唐戰亂之下，各地學府殘破，士人為挽救地方學術，乃相率建立學院，自發講學。及至宋代，此一傳統亦獲朝廷嘉獎，於是益有長足發展，而有在朝野學術乃至政治都影響力極大的所謂「四大書院」，即湖南長沙的嶽麓書院、衡陽的石鼓書院、河南商丘的應天書院以及江西廬山的白鹿洞書院等等。由於講學之士人同時亦多為朝士，或與朝臣有著不少連繫，所議乃不時涉及時政，甚至引起政治動盪。明代晚期之東林黨爭，即由在野士人於無錫的東林書院抨擊朝廷作風以及宦官干政引起。支持及反對東林學人的朝士互相傾軋，震撼明末政壇。清代以來，為免重蹈覆轍，以及基於異族統治的高壓氣氛，書院講學不再深入政治，但仍然蓬勃。[1] 如此傳統，更在清亡以後由賴際熙等遺老帶入香港。

學海書樓與廣州學海堂

其實在書樓正式建成之前，賴氏等人在 1920 年起已在中環半山堅道 27 號樓下，設壇講學，還聘請前篇提及過的何藻翔開講。[2] 何氏為廣東順德人，光緒十八年（1892）進士，曾任職兵部，並隨駐藏大臣張蔭棠（1866-1937）出使西藏，閱歷豐富。清亡後在廣州應廣東省政府募總編《廣東通志》，亦學問湛深。兩年以來，主講孔孟儒學，聽課者眾。有感於聽眾踴躍，1923 年賴際熙於是聯絡殷商名流，集資興建講舍及書館，並仿廣州的「學海堂」為例而取命為「學海書樓」。[3]

學海堂為清中葉的兩廣總督阮元（1764-1849）所創設，其名源於東漢今文經學家何休（129-182）之字號「學海」。阮氏不僅為清廷南方的封疆大吏，更係一時的學界名流。《清史稿》稱頌之謂：「身歷乾、嘉文物鼎盛之時，主持風會數十年，海內學者奉為山斗。」[4] 而 1820 年其在廣州創立的學海堂亦迅即發展成晚清南方別具特色的學術重鎮。如阮氏於學堂聚集學者編成的經學巨著《皇清經解》，多方彙集及分析了清中葉以來各家的儒經解釋，就是為乾嘉儒學的集大成之作，備受四方矚目。此作因為起於學海堂而又被稱為《學海堂經解》，學堂之學術地位可想而知。在研究之外，學堂亦招收學生，除教授傳統經史，還兼有天文學及算學等實學。堂內有千餘冊、三千餘卷的豐富藏書供學生借閱。[5] 如此全面的學府，在華南地區深有影響，清末不少廣東知識分子都與之有所淵源。如晚清廣東大儒陳澧即係學堂第一屆畢業生；而掀起戊戌變法及保皇運動的康有為，其經學老師朱次琦也曾就讀於學海堂；梁啟超更是學海堂的高材生，校內大考都名列第一。及後係仰慕康氏變法大志，方離開學堂前往追隨。[6]

但享負盛名的學海堂亦不敵晚清以來的西學風氣，於 1903 年被廢。

不過，由於其在廣東知識分子之間的重要地位，一直以來都有重開的嘗試。即使早在辛亥革命前夕，出身廣東番禺、日後官拜太子太保的梁鼎芬已有重開學海堂之舉。[7]民國以後，在 1920 年，重建一事次第開展，如火如荼，廣東省長更聘任汪兆鏞、何藻翔等曾執教學海堂的學人共襄盛舉。[8]然而當時何氏就曾訴說道：

> 近以知交零落，宿將凋喪，時事知無可為；家計難支，不得不以教讀餬口，逃居島外，耳目較覺乾淨。晚悔詞章考據舊學，誤盡青年，聰明浪用，惟以宋儒義理書啟牖後進，堅其志趣；佐以通鑒、通考、掌故之學，擴其才識。庶三十年後，此小學生有出所學以救國者。[9]

從何氏的剖白可見，開課講學乃因民國時勢所迫，亦是出於回應傳統士人的種種苦況。一者清廷覆滅已成事實，萬難復興而「國事不可為」，於是失去朝廷憑藉的前朝遺臣也家計支絀，教讀文史成為舊式知識分子的少有出路。所以復興傳統學府，既係寄望培育後輩可重振舊學，「有出所學以救國者」，亦是解決自身生計的方法。迫於現實上理念無可伸張的無奈，前清遺老乃轉而投身教育。[10]廣州重建學海堂一事後來記述不多，許是不果。曾就讀學海堂的吳子通後於 1941 年在報章撰文慨嘆學堂舊址已被軍閥盤據，想廣東後輩亦不再知有線裝之書，或是可證廣州復建之結局。[11]於是，學海講學之復見就惟有留待前清遺老在香港的努力。

學海書樓的建置及初期運作

1923 年，在各方資助下，賴際熙於中區般含道 20 號購置了一地段

作為書樓之地，其中本地紳商何東、郭春秧、利希慎及李海東四人出力尤多。最初賴氏或未有以「學海」為名，其傳世的文集中有〈籌建崇聖書堂序〉一文詳述其在香港建立書院以為「尊崇孔道，羽翼經訓」的宗旨，但及後書樓建成卻以「學海」為名。當中轉變至今未為清楚，不過廣州學海堂對於賴氏等人的影響仍有跡可尋，皆因賴氏摰友、並且協助建立書樓的陳伯陶即為學海堂的畢業生。[12]

講學

自得以擴展會址之後，賴氏等一眾太史就每周向公眾講學兩次，除卻歲晚休假，年中不輟。[13] 據書樓自身的記載，1923 年開始，直至 1941 年香港淪陷，賴氏為書樓所聘的講者除卻本卷前篇已有介紹的陳伯陶及朱汝珍外，尚有：[14]

表一　學海書樓講者

講者	背景
岑光樾（1876-1960）	廣東順德人，光緒三十年（1904）進士，歷任翰林院編修及國史館纂修，曾官費往日本法政大學留學。
溫肅	廣東順德人，光緒二十九年（1903）進士，歷任翰林院編修、國史館協修及湖北道監察御史。清亡後一直追隨清室，期中間往香港講學。
區大原	廣東南海人，光緒二十九年進士，任翰林院檢討。
區大典	廣東南海人，光緒二十九年進士，任翰林院編修。
俞叔文	1920 年代曾於書樓講學，但身世不詳。

由此可見，講者基本上均係廣東出身的前清官宦，可謂以賴際熙為中心的廣東遺臣圈子支撐著書樓早期的講學活動；其時的學海書樓亦不啻為遺老學術世界的延伸。至於其所講內容，自然都係圍繞孔孟學說等國學經典。然而，在中國大陸已逐步被排擠的中國傳統學問，於香港卻

學海書樓講者之一岑光樾為黃大仙祠題寫的「三教同源」及左右對聯

仍大受歡迎。1926 年，據《工商日報》報導，書樓的講學因聽講的公
眾日多，往往座無虛席，遲到者常無座可入，書樓亦屢屢要增加座位應
付。[15] 事實上，自 1920 至 1940 年代，香港的華文報章如《工商日報》
及《華字日報》每周都有報導學海書樓的講學活動，可見其在華人社會
一直備受關注。當時的講學情形，現在仍然可查。學海書樓於 1940 年起
已彙編歷年的講義出版成各種《學海書樓講學錄》，一眾前清太史的演
辭，於是直至今日依然躍然紙上。

藏書

　　講學之餘，書樓亦廣收圖書，再借閱予公眾。雖然香港第一所開放
公眾的圖書閱覽室大會堂圖書館（City Hall Library）已於 1868 年建成，
但藏書仍以英文為主。[16] 因此學海書樓的圖書室，可謂本港第一家面向華
人社群的圖書館。據 1988 年書樓整理出版的《香港學海書樓藏書目錄》
所載，即使經歷了三年零八個月的淪陷時期，書樓典籍曾經星散，損失
甚巨，然而至今保留的藏書依然超過三萬冊：[17]

表二　學海書樓藏書

分類	數量
經部	274 種，共 3,363 冊
史部	320 種，共 3,450 冊
子部	98 種，共 640 冊
集部	1,208 種，共 19,347 冊

　　其中集部再分為九類：

分類	數量
藏書及書目類	33 種，330 冊
叢書及文集類	819 種，17,496 冊
倫哲及修養類	65 種，165 冊
會典及法律類	19 種，376 冊
教育及武術類	11 種，29 冊
宗教與經典類	116 種，310 冊
術數與天文類	25 種，151 冊
兵法與軍事類	14 種，77 冊
醫學與典籍類	106 種，413 冊

　　以上藏書，計及複本，超過三萬四千六百餘冊。其中大部分為十九世紀以至二十世紀初的中國線裝或手抄古籍，而尤以當時廣東各書局本為最，如粵雅堂叢書本、廣雅叢書本、廣雅書局本、廣東書局本、菊坡精舍本、翠琅玕館叢書本及學海堂本等等，對於研究近當代廣東發展與華南的出版事業，乃至中國現代知識體系的形成都十分重要。而且不少係孤本絕版，價值極高。部分典籍更可追溯至明代，如成化年間的《醫經》及萬曆年間的《宋書》等等，彌足珍貴。

戰後的發展

　　1941 年，日軍來襲，香港淪陷，戰亂之際書樓活動遂被迫中斷數載。1945 年香港重光，書樓同人乃立時重整旗鼓，力圖恢復。經過兩年重組董事成員、講堂學者及回收藏書後，學海書樓乃得以在 1947 年 12 月重新開放。時至 1940 年代末，書樓初期的核心人物及主要講者如賴際熙、陳伯陶、朱汝珍、溫肅、區大原、區大典等都已相繼離世。重開後

的講堂就以仍然健在的前清遺老岑光樾以及俞叔文為要；[18] 另外賴氏在港大的學生李景康亦加入開講，並請得書畫名流、「嶺南三子」之一的陳荊鴻（1903-1993）、曾歷任民國各級政府秘書的學者吳天任（1916-1992）以及易學大家陳湛銓（1916-1986）等參與，使戰前書樓的國學事業得以延續。[19] 剛開放的圖書室亦吸引了不少讀者，據報導當中更有不少青年學子。[20] 至 1948 年，書樓的運作已重上軌道，每次講學，都座無虛席。[21]

　　1958 年，書樓進一步規範化，由李景康將組織註冊為有限公司，並成立董事會。香港富豪如利希慎家族的利榮森（2007 年卒）、伍宜孫家族的伍步剛都曾任董事。賴際熙之子賴恬昌及賴高年亦於會中支持甚力。及至 1962 年，書樓因樓宇日久失修，亟待改建以妥善安置數萬冊之藏書。同年新的香港大會堂落成啟用，書樓董事會遂與市政局商討，並達成協議，將藏書借存新的大會堂圖書館，從此書樓盡將所藏移交香港公共圖書館管理。同時，講學活動亦轉至大會堂舉行，般含道會址隨後亦被拆卸。學海書樓從此寄身於公共圖書館繼續運作。自 1980 年代起，書樓除卻周日在大會堂繼續演講外，每周在駱克道、油麻地及土瓜灣的公共圖書館亦有講座，合計四次。據當時的市政局報告，活動相當受歡迎（very popular），尤其能吸引教師，每年約有七千人次參與。[22]

　　2001 年起，書樓藏書再移遷到銅鑼灣的香港中央圖書館，是為「學海書樓」特藏，仍根據與書樓的協議，在館內掛上書樓牌匾。中央圖書館高級館長鄭學仁博士指出，目前每年平均約有七百人查閱書樓藏書，此就古籍而言已相當不錯。[23] 2014 年起，康樂及文化事務署亦開展計劃將藏書古籍逐步電子化以供網上查閱，讀者可望更便利地活用特藏，[24] 至於書樓講座，至今亦已成為香港圖書重要的恆常國學活動，且仍於上述四家圖書館舉行。以 2016 年為例，就有由湯俠任博士選講周易老莊、黃兆顯博士選講四部、招祥麒教授講古詩文吟誦的理論與實踐等等，依

然廣受支持。另外,在今日書樓尖沙咀星光行的會址,仍不時舉行講座,如在 2012 年為紀念中華書局創立百年,書局即曾與書樓合辦系列演講。[25] 歷經幾近百年,昔日一眾前清士人的一番苦心遺意,今日仍後繼有人,於發揚中國傳統實起到一定的作用。

書樓學人的香港印象

一眾致力於書樓講學的學人,無一不以重振及發揚中國傳統為己任。懷著如斯抱負,又如何看待香港此一現代繁華、商業掛帥的英國殖民地呢?前篇賴際熙一章,已說明賴氏在金文泰的支持下得以在香港大學開展其中文教育之事業,加上學海書樓的營運,對於能在香港重振國學頗有期待。其學生以及戰後學海書樓骨幹李景康的詩文,或可呼應賴氏,並可從中一睹中國傳統及後在香港的發展。李氏當然亦讚嘆本港的欣欣向榮。其〈遊九龍花墟〉有謂:

> 九龍塘畔饒芳草,珠簾十里春風道。
> 紅紫千叢露未乾,如雲仕女看花早。
> 花市喧闐不記年,豪華寧論買花錢。
> 達官海外營金屋,異樣風光別有天。[26]

九龍塘畔香花芳草處處,洋溢十里春風。花墟盛事,城中仕女朝露未乾就來到此處看花。其花市喧鬧無比,遊人買花都不論金錢。至於達官貴人,更是海外營有豪宅,別有風光。另外,李氏的〈香江雜詠〉又寫到香港的浮華美景:

燈火樓船買夏場，舉頭天水兩微茫。

漫將愁思酬風月，好博澄灣一夜涼_{石排灣消夏}。 石排灣消夏。

夾道林巒野鳥鳴，車如流水御風行。

偶然一樹紅於染，霜後真疑春意生_{薄扶林秋葉}。 [27]

　　港島的石排灣，處處熒熒燈火，高大遊船。李氏酬唱風月，一洗愁思，但看海灣美景，夏天夜涼如水。至於秋季，薄扶林夾道野鳥，且又車水馬龍，沿途竟仍有紅花彌漫幾許春意。凡此都見李景康眼中的香港美景。然而，如此都會，始終是「用夷變夏」而來。其〈舞場〉乃道：

南州香海樓臺好，萬戶千門愛歌舞。

山倚芙蓉俯綠波，銀燈錦幔春風道。

初傳夷俗綺筵開，履舄交觀笑語陪。

有婦盡從賓客舞，蜂腰狐步共徘徊。

酥胸半袒通眉語，粉臉相偎赴節來。

由來習俗移人易，嬌娃蕩子耽遊戲。

為言時世尚歐風，用夷變夏堪嘗試。

君看舞蹈最時宜，蛺蝶蹁躚舞柘枝。

迴鸞縹渺同陶醉，么鳳翰盈各炫奇。

呼呼蠻樂翻新曲，得得蠻靴如轉轂。

動盪餘情思不禁，相攜花下人如玉。

溱洧風光特地多，桑間濮上渾成俗。

況憑銀幕蕩餘波，放誕風流尤可掬。

劇憐舞蹈管絃譁，歌舞岡前怨落花。

更有遼陽將家子，吳姬舞後已無家。 [28]

在李氏筆下，香江歌舞昇平，樓台瑰麗，其舞場「夷俗」流行，男女親暱；女士穿著性感，酥胸半露。此番習俗都是西來，有言當世都重歐洲風尚，堪稱「用夷變夏」。是以舞廳之中，盡是「蠻樂蠻靴」；而時人耽於其中，縱情「放誕」。雖然描繪的只是「舞場」，然而詩意所指，種種「時世歐風」，「用夷變夏」，並不止於舞蹈；且看在李氏眼裏，此一切紙醉金迷，亦不脫「放誕風流」。書樓眾人大概即是在此「蠻俗歐風」的流行之下，苦苦堅守其宣導國學之抱負。

參考資料及延伸閱讀

鄧洪波：《中國書院史》（台北：台灣大學，2005）。

學海書樓編：《學海書樓九十年》（香港：編者自刊，2013）。

廣東省政協文化和文史資料委員會編：《香海傳薪錄——香港學海書樓紀實》（北京：中國文史出版社，2008）。

註 釋

1 　鄧洪波：《中國書院史》（台北：台灣大學，2005）。

2 　鄧又同：〈香港學海書樓之沿革〉，載氏編：《香港學海書樓講學錄選集：1965-1989》（香港：學海書樓，1990），頁 1。

3 　同上。

4 　《清史稿》，卷 364，〈阮元傳〉（北京：中華書局，1977），頁 11421。

5 　Benjamin A. Elman, "The Hsueh-hai T'ang and the Rise of New Text Scholarship in Canton", *Late Imperial China*, Vol. 4.2, 1979, pp.51-82.

6 　容肇祖：〈學海堂考〉，《嶺南學報》（1934 年第 3 卷第 4 期），頁 2-7。

7 　梁鼎芬：〈重開學海堂啟〉，載氏著：《節庵先生遺稿》（香港：楊敬安印行，1962），頁 86；吳天任：《梁節庵先生年譜》（台北：藝文印書館，1979），頁 284。

8 　林志宏：《民國乃敵國也：政治文化轉型下的清遺民》（台北：聯經出版公司，2009），頁 61。

9 　何藻翔：《鄒崖詩集：附年譜》（香港：何鴻平印行，1958），頁 150-151；黃祝蕖：〈學海堂課稿序〉，載氏著：《求慊齋文集》（甲戌年〔1934〕刊本），卷四，頁 6。

10 　相同觀點可參林志宏：《民國乃敵國也：政治文化轉型下的清遺民》，頁 62。

11 　吳子通：〈學海堂述舊〉，《新天津畫報》（第 6 卷第 22 期），1941 年 6 月 22 日。吳氏亦指出天津曾有學海堂，然而其與廣州學海堂之關係尚待考證，在此亦姑且按下。

12 　容肇祖：〈學海堂考〉，《嶺南學報》（1934 年第 3 卷第 4 期），頁 4。

13　〈學海書樓停講〉，《華字日報》，1926 年 2 月 1 日，頁 7。

14　鄧又同：〈香港學海書樓之沿革〉，頁 2。事歷並考諸台灣中央研究院編：《人名權威人物傳記資料庫》（http://archive.ihp.sinica.edu.tw/ttsweb/html_name/search.php，訪問日期：2016 年 6 月 20 日）。俞安鼐（叔文）的講學紀錄見〈學海書樓延耆宿講學〉，《工商日報》，1926 年 4 月 20 日，頁 2。

15　〈學海書樓延耆宿講學〉，《工商日報》，1926 年 4 月 20 日，頁 2；〈學海書樓之演講〉，《工商日報》，1926 年 4 月 27 日，頁 3。

16　Wayne A. Wiegand and Donald G. Jr. Davis (eds.), *Encyclopedia of Library History* (New York; London: Garland Publishing, 1994), p.262.

17　鄧又同編：《香港學海書樓藏書目錄》（香港：學海書樓，1988）。

18　〈學海書樓下月開放〉，《華僑日報》，1947 年 11 月 17 日，頁 6。

19　鄧又同：〈香港學海書樓之沿革〉，頁 2。

20　〈學海書樓閱書者眾〉，《華僑日報》，1948 年 2 月 7 日，頁 8。

21　〈學海書樓本周續講經〉，《華僑日報》，1948 年 4 月 8 日，頁 6。

22　The Urban Council, "Exhibition on the Hok Hoi Collection" (Memorandum for Members of The Libraries Select Committee of The Urban Council), 1988-09-12, Ref. : USD LIB 10/45; "Lectures on Chinese Culture" (Memorandum for Members of The Libraries Select Committee of The Urban Council), 1977-06-17, Ref. : LIB 8/70.

23　〈學海書樓 禾稈蓋珍珠〉，《蘋果日報》，2014 年 6 月 7 日：http://hk.apple.nextmedia.com/realtime/10829392/20140607/52552611（訪問日期：2016 年 6 月 20 日）。

24　〈香港公共圖書館與學海書樓合作開展數碼化學海書樓特藏　加強合作交流〉，香港政府新聞公報，2014 年 2 月 17 日：http://www.info.gov.hk/gia/general/201402/17/P201402170454.htm（訪問日期：2016 年 6 月 20 日）。

25　〈「中華經典閱讀」系列講座—新視野·新角度〉，香港中華書局網頁：http://www.chunghwabook.com.hk/Index/chNewsDetail?id=51（訪問日期：2016 年 6

月 20 日）。

26   胡從經：《歷史的跫音 —— 歷代詩人詠香港》（香港：朝花出版社，1997），頁 232。

27   同上，頁 233。

28   同上。

南社與清遊會

——流寓香江的詩酬唱詠

約 1905 年知識分子的雅集（張順光提供）

因清室的覆滅，終致在文化以至情感上都依附王朝體制的舊臣，將傳統國學帶入已為英國殖民的香港。此前清遺老的身世，説明了政治與學術文化之間千絲萬縷的關係。與此同時，熱切建立民主中國的革命黨人，在政治運動之餘，亦活躍於各種文藝團體。事實上，投身革命事業的領袖當中，不少係國學大家，在追求民主大業之餘，亦以興旺中國文化為己任。是以清末民初以來，各種文化社團亦隨政治組織而興起。如1905 年同盟會於日本成立的同時，黃節就與章太炎、馬敍倫等在上海成立「國學保存會」，以「研究國學，保存國粹」。其中不少係 1902 年「中國教育會」與「愛國學社」的國粹派中堅。及後詩文書畫組織南社與清遊會又相繼在上海及廣州成立，呼應革命、展開活動並南來香港，側面説明了文藝與政治、中國與香港之間的流移與互動。

南社的成立與播遷

南社為清末的全國性革命文藝團體，由柳亞子（1887-1958）、陳去病（1874-1933）與高旭（1877-1925）發起。柳氏名慰高，字安如，江蘇吳江人，曾考取秀才。少年時因崇拜梁啟超言論而仰慕維新派，並認識志趣相投的陳去病。[1] 陳氏初名慶林，字佩忍，號巢南，1898 年曾與鄉里組織「雪恥學會」響應康梁運動，後更以漢代名將霍去病「匈奴未滅，何以家為」自勉，從此以去病為名，其救國情切可想而知。雖然二人曾支持維新一派，然而因時勢日壞且康梁立場日趨保守而改投革命派。二人後來並結識在上海文壇愈形活躍的高旭。高氏字天梅，號劍公，江蘇松江人，早年曾於各維新派刊物上鼓吹變法，及後東渡日本而結識陳天華及宋教仁等革命黨人，並回國宣揚革命。1905 年同盟會成立，高、柳、陳三人相繼加入，其中高旭更被推舉為江蘇同盟會會長，柳亞子則

創立《復報》鼓吹革命。經由革命組織的連繫，三人相識相知，書信往來，詩詞唱和，漸萌發結社念頭，希望以詩文結交與聚合同志，鼓動革命風潮。1909 年，南社乃正式在上海成立。[2] 其創會社員十七人中有十四位都係同盟會會員；而且成立地點更選址於蘇州虎丘的張公祠。張公為明末蘇松巡撫張國維，因抗清身死而留有盛名，明末反清的復社亦在此召開，可見南社濃重的反清及革命色彩。至於南社取名之義，陳去病解釋道：「南者對北而言，寓不向滿清之意。」[3] 後來高旭又云：「胡虜猖獗時，不佞與友人柳亞盧、陳去病於同盟會後更倡設南社，固以文字革命為職志，而意實不在文字間也。」[4] 可見南社強烈的政治目的。

南社成立後，各界人物無論報人、學者、教師、通俗作家及革命黨人等紛紛加入，至 1916 年已有社員八百餘人，全盛時多達一千一百七十八人，於各地廣佈分社，影響力大。[5] 其主要活動為舉行文藝雅集與發行社刊《南社叢刻》。《叢刻》每年冬夏兩季出刊，內容分文、詩、詞錄三種，又以詩為最。作品多以文言發表，但強調「以舊形式表現新內容」。[6] 其內容以政治為宗，包括主張反清革命、發揚民族氣節以及強調主權在民等等，同時也倡議改良文學，希望將文藝推向大眾。正如另一南社社員胡樸安曾總結道：「南社之文章，一時代影響之反感者也。」[7]《叢刻》除卻係社員文章之園地，同時也向公眾發售。其第四集已遠銷海內外，在上海、北京、杭州、紹興、桂林、汕頭及馬來西亞的檳榔嶼發行。其第十、十一及十二集在全國十三處發行，盛況空前。[8] 據顧頡剛（1893-1980）晚年憶述，南社出品曾風靡一時，因為其「和上海的一般報紙偏重黃色情調和滑稽趣味的迥然不同，使得我們做中學生的仰望之若神仙。」[9]

不過，民國以後由於反清成功，不少社人紛紛加入民國政府並淡出社務。及後投入「二次革命」的社員在起事失敗後，更被袁世凱大加追

捕而令南社大受打擊。另外，在新文化運動衝擊下，對於新舊文學態度的分歧又引致南社面臨分裂。[10] 正如錢基博（1887-1957）所言，南社實際上「無一定宗派，初以推倒滿清為主，故多叫囂亢厲之音」。[11] 於是當滿清此一共同目標覆滅後，南社就茫失目標，進退失據，並於 1923 年解散。雖然柳亞子及後又創立「新南社」以響應新文化運動，提倡白話文學以與堅持舊文學的社友分家，然而影響力已大不如前。不過，部分社員流落香港，仍然令其活動有另外的延續。

北山堂：南社的香港活動

在中國掀起各種結社風潮的同時，香港此一華洋雜處、思想自由的通商名埠，亦有不少社團興起。各種文藝組織如海外吟社（1912 年）、潛社（1916 年）、香海吟社（1916 年）及竹林詩社（1924 年）等都紛紛成立。同時，南社廣東分社的骨幹成員莫鶴鳴及蔡守（1879-1941）等流落香港，並聯合其他詩社成員組成「北山詩社」，於是將清末民初中國的雅集傳統延伸至港。

莫氏出身香港太古洋行的買辦世家。其家族自莫藻泉（1857-1917）接過太古洋行香港總行的買辦起，就極力培養其子侄修習英文商業，並安插到洋行各部門之中。如 1912 年及 1913 年，莫藻泉就將四弟芝軒及其侄子季樵分別派往上海及青島出任分行買辦。洋行各部門中莫氏之任職不計其數，因而有人戲稱太古為「莫氏家祠」。莫鶴鳴本身亦在 1905 年時被派往漢口分行工作。[12] 莫氏雖然為商辦世家，但鶴鳴亦雅好文藝，並曾於廣東參與南社。[13]1920 年，南社廣東分社社長蔡守來港，並聯同何藻翔、崔師貫（1871-1941）、潘蘭泉等組織「赤雅社」，交流金石書畫。但鑒於當時雅集無地，莫鶴鳴於是以其網絡之便，在 1924 年，向銅

銅鑼灣發展商利希慎徵得區內利園山中原渣甸洋行的二班行樓房兩年，作為同人雅集之所。當時利園山正行發展，利氏為「以風雅為商業倡」，吸引市民前來遊樂，於是也欣然允許。[14] 莫氏後來更將所藏紫檀傢具陳設其中，並將之改名為「北山堂」，廣邀騷人墨客同聚。「北山」之名取用《列子》北山愚公移山之典故，因此成立之際，詩社以「愚公移詩社」為名，於《華字日報》刊登廣告邀請各路文人參與，並徵集公眾詩文。[15]

詩社成立之初，每周雅集一次，由莫鶴鳴、何藻翔、鄒靜存（1874年生）等命題。其時投稿響應者眾多，作品幾近千首。期間社會名流如傅金城（1896-1960）、伍莊（1881-1959）等也響應賦詩。同時北山堂亦有參考南社舊章。1923年柳亞子宣告成立「新南社」時，蔡守即與傅熊湘等南社社友出版《南社湘集》以與新南社抗衡，繼續發揚傳統國學。其〈南社湘集簡章〉規定，會社「每年上巳重九各舉行雅集一次」，北山堂亦特於重九、上巳日雅集。至於其北山堂之南社社人出品，均為蔡守分期編入《南社湘集》。可見北山堂與南社的密切關係。事實上，參與北山堂雅集之文人雅士當中，現今可考的，就有三十七人為南社社員。由於南社社友眾多，社友間或稱雅集為南社雅集。如1925年上巳唱和詩，鄒靜存有〈上巳寄南社諸子和寒瓊韻〉、張雲飛有〈上巳雨中寄南社同人次哲夫兄韻〉等，詩題均直稱南社。因此北山詩社實可謂粵東南社之延伸。

參與北山堂活動的包括香港原本的文藝社團如潛社及竹林詩社。潛社是民初香港頗為活躍的詩社，由勞緯孟（1874-1958）、譚荔垣（1857-1939）等人於1916年成立，社員大多為《華字日報》及《循環日報》之報人。另外，鄒靜存、呂伊耕（1863年生）、周竹鄰、楊苦山（1872年生）等人在港島南唐酒樓組織的「竹林詩社」，也應邀與會。總而言之，在蔡守的主持下，北山堂包攬了潛社、竹林詩社、赤雅社、南社等，實凝聚了香港文人。而參與籌組詩社者如勞緯孟、何冰甫、潘蕙疇等均為

今銅鑼灣利園山道

報人，潘氏更是香港最暢銷之華文報章《華字日報》的總編輯。諸人都極力支持詩社雅集，而《華字日報》更為北山詩社的通訊處。其作品投寄、彙集、登載，以及雅集通知均由報紙收發。詩社作品由是長期在報章上連載，吸引不少讀者投稿響應，令詩社規模，影響一時。[16]

南社社員的香港詩文

雖然北山堂活動在 1925 年就因省港大罷工影響而中止，然而一眾社人南來雅集，復亦留下不少詩文，流露其香港印象。如蔡守曾登太平山頂，觀摩維港景色，頗為觸動。其〈與閨人登太平山頂〉寫道：

共踏長繩破曉煙，海山復疊似攢蓮。

回頭島市都疑幻，堆眼蠻娃各炫妍。

十里松篁真樂國，半天樓閣小遊仙。

滄桑欲就麻姑買，清淺蓬萊尚幾年。[17]

蔡氏於太平山頂遠望，海水與重山堆疊，仿似蓮花簇聚。而且都市五光十色，華洋「蠻娃」雜處，炫目耀眼，似幻疑真。身處其中，如在仙境遊歷。昔日的荒島成今日都會，令人不禁慨嘆時日變幻，滄海桑田。除卻太平山外，令一眾前清遺老感慨萬千的宋王臺亦是南社社人的參觀熱點。如另一社友鄧爾雅（1884-1954）就嘗賦詩〈宋王臺〉：

海隅山市廁荒臺，曾見官家警蹕來。滕水有門成定率，屯門附近地名：又新會崖門有行宮。過洋舊樂動悲哀。宋末東莞李用字竹隱，使婿熊飛起義，自往日本乞師，不應。旋講經學於彼都，卒後喪樂一部送柩歸里。至今邑人送殯猶用之，蓋其中之一節，以李氏後裔秘其譜，也恐遂失傳矣。

王姬下嫁家相近，<small>先代自明公尚郡主，高宗之姑也。所居即附近之錦田村。東莞、寶安兩邑鄧氏，並錦田所分支系也。</small>帝子蒙塵去不回。我屬粉侯粉昆裔，<small>駙馬稱粉侯，其兄弟稱粉昆，見宋史長編。</small>登臨能勿更低徊。[18]

鄧氏為廣東東莞人，早年赴日留學，專攻美術。民國後參滇軍李根源將軍幕，投身護法戰爭。其後參加南社，又移居香港。因此雖然亦寫宋王臺，但與前篇所示前清遺臣的作品相比，大異其趣。其沒有深切的亡國之恨，只因憶起宋史舊事與家鄉的喪禮習俗，以及先世曾尚宋皇室郡主為駙馬，而有淡淡哀傷。正如前述，南社主事者本來就與革命黨關係密切。此政治信仰與立場，令其社人對於宋王臺亦有不一樣的情感。不過，面對香港已成異國屬土的事實，他們仍然感到悲憤。鄧氏另一詩作〈赤柱山〉就有云：

故山已西屬，弱水自東流。不信真吾土，胡為盡闉闍。<small>夷人屋，兩漢書。</small>
臺荒心史在，<small>宋行宮在九龍寨，今故臺尚在。</small>地癢<small>鑿山則也痛，人多則地癢。見劉向別錄。</small>肉林稠。精酒如刀利，其如不斷愁。[19]

原屬中國的土地今已西屬，且放眼望去盡為西洋建築，令人懷疑此地是否果真「吾土」。不過宋臺仍在，始終銘刻其中國聯繫。想起國土淪喪，鄧氏愁緒不斷。上述可知，於流落南來的南社社人眼中，香港的繁花似錦、畫棟西樓，亦是炫目。可是其殖民地之身，始終觸動社人的國族情緒。此矛盾心理，亦與清遊會人相同。

清遊會的成立與播遷

政局催生的除卻南社，尚有清遊會。民國建政之後，由革命而生的社會思潮更形澎湃，文化方面的整合刻不容緩。經歷 1919 年「五四運動」的洗禮，社會主義、無產階級革命等理論也已輸入國內，矛頭並指向中國的傳統文化。革命派文人陳樹人（1884-1948）、高劍父（1879-1951）及高奇峰（1889-1933）兄弟等遂於 1923 至 1924 年間發起「清遊會」，於宴遊聚集之間賦詩繪畫，同好結緣，並推動國學。

陳氏原名哲，後改名紹，字樹人，號葭外漁子、二山山樵、得安老人等；兄高劍父名崙，字爵廷，號劍父；弟高奇峰名嵡，字奇峰，以字行。三人皆出身廣東番禺，日後並於畫壇號為「嶺南三傑」。年少時俱同就學於嶺南名畫家居廉（1828-1904），識於微時。其後三人皆留學日本，陳氏 1906 年入京都美術學校，1913 年畢業，同時獲東京立教大學文學士。[20] 劍父則入東京帝國美術學院，奇峰隨之東渡，受日名畫家田中賴璋指導。在學畫之餘，三人亦相繼加入同盟會，高劍父更在 1910 年在香港與劉思復組織「支那暗殺團」，旨在刺殺清廷官員，並參與了翌年的黃花崗之役。陳樹人則一直追隨孫中山，1913 年二次革命後隨孫流亡日本，1922 年陳炯明叛變後亦守護左右，由此成為孫氏親信。陳氏與劍父之活躍於政治運動至此。1923 年廣州國民政府成立，陳樹人獲委為廣東省政務廳長。其工餘常與省長徐紹楨、高劍父兄弟、經亨頤、張純初等在廣州雅集，時「粵墨客騷人，一時雲集，視陳為盟主，迭為主賓觸詠，幾無虛日」。[21] 於是以陳氏為中心的文藝會社「清遊會」成立。由於陳樹人為孫氏心腹，三十至四十年代更在國民政府中長期掌管僑務，於華南與海外，尤其粵、港、澳等地之文化界工作，用力最多。此公務便利，使一眾清遊會知識文人都服膺於陳氏號召。而且陳妻居若文與廖仲愷之妻

何香凝情如姐妹，何氏也曾隨高劍父學畫；加上高氏赴日本留學時亦獲得廖氏夫婦照顧相助。如此政治、藝術與交情夾雜的公私關係，令清遊會內部關係堅實，迅速發展成領導時代的書畫團體。跟隨陳氏清遊的包括各種新舊知識文人。如黃祝蕖、黃詠雩等均以詩詞聞名，與陳伯陶、朱汝珍、吳道鎔、張學華等前朝名宿吟唱從遊亦多，也不乏經學名儒門生。另外，出國留學的新知識文人亦在會中。如留日的有徐紹楨、經亨頤、黎澤闓、陳融，留美的謝英伯等等。是以清遊會以政治網絡支持，囊括了一眾各式背景的文人，聲勢非凡。

清遊會之雅集初期以廣州為主，尤作興於周日坊間聚飲磋切。其「會無常址，大都假座茶樓酒肆，以星期日為集會之期，縱談詩畫，脫略形迹，或以作品互為切磋。」[22] 此外，清遊會亦共同郊遊於外，賦詩寫畫。1933 年更出版特刊紀事，其序說明，會社的雅集活動，已是雲遊列國名都：

> 其遊也，自羊石以暨外縣外省外國，不止數萬里，每有所遊，則必有所得，益進而上。故其楮墨流傳，如吉光片羽，往往為世所矜重……近者如金陵、北平、上海、澳門、香港、東京、印度、比利時、巴拿馬諸都會，且開會以歡迎之，唏其盛矣。今春廣州有市展覽會、美術館之設，特闢三室以備吾會之出品陳列，而榮康手擬徵啟以導其先。既而張君香圃、趙君少昂等發起特刊，復來督索予序。[23]

清遊會創立後的十年之間，陳樹人、高劍父、高奇峰、趙少昂等人畫作紛紛參展海內外博覽會，獲得高度評價，聲名鵲起。單係 1933 年於廣州舉辦的美術展會，以清遊會的名義參展的畫數就達一百七十八幅。清遊會人彼此聯繫，互相協作，再走出國際，乃成就畫壇名流。然而隨

與陳伯陶吟唱從遊的不乏前朝名宿。圖為吳道鎔為黃大仙祠題寫的「皆大歡喜」
及左右對聯。

著 1937 年日本全面侵華，1938 年廣州淪陷，清遊會人逐漸離散，活動於是就流移香港。

清遊會的香港活動

其實早在 1924 年，清遊會友已踏足香江，詩文活動較著者，如黃詠雩之拜會陳伯陶，留下詩作〈九龍槃園賦贈陳太史子礪四首〉等，更獲陳氏贈《勝朝粵東遺民錄》。[24] 黃父顯芝係廣州最大洋米進口商養和堂主席，民國時期曾以米糧接濟孫中山於永豐艦上，又屢捐輸軍餉，獲民國政府嘉許，與廣粵官商名流稔熟。[25] 黃詠雩 1921 年成婚，陳伯陶回粵為證婚人之一。居港的前朝遺老，因各種詩文關係，大多與清遊會過從甚密，仍活躍於粵港的交遊與創作。又如桂坫為陳樹人姻親，1926 年已赴清遊會宴，賦紅棉七律十首。[26] 本地名宿如賴際熙、區大典、朱汝珍、盧湘父、俞叔文，與清遊會友亦多所唱酬。至三十年代，諸生如吳天任、曾希穎、李景康、梁寒操、陸幼剛等參加清遊會雅集尚多，締造盛極一時的文壇氣氛。陳樹人丙寅（1926 年）所撰〈蘇俄革命紀念日與清遊會諸子登摩星嶺〉[27]，以及丁卯（1927 年）的〈與羅仲彭、周演明、梁一鳴遊侯王廟〉[28]、〈黃花節同清遊會諸子遊青山〉[29] 諸作，皆證清遊會人在港活躍，遊吟間洋溢著家國之情。1926 年起，因國內戰亂，避地香江之文人漸多，其中潘達微（1880-1929）、鄧爾雅、黃般若、蔡守、傅賽宜、鄧芬、李景康等就在港成立了「國畫研究會香港分會」。1927 年，高劍父與鄭春霆、胡少蘧、何雅選、杜其章又成立「香港書畫文學社」，趙少昂、陳荊鴻、黃少強等也相繼加入。如此學社間交織關係，逐步將清遊會的人事網絡推展到香港。此外，創立於 1929 年的「榆社」、1930 年的「斑斕社」、「震旦書畫社」，以及 1932 年的「壬申書畫社」等，組織成

員莫不與清遊會的書畫名家多所接觸，形成兩地互動的文化交流。[30]

1937年葉恭綽遷居香港後，進一步引薦清遊會友，使其學術成就在港得到更大的認受。尤其三十年代後期中國抗日形勢嚴峻，華南地方以廣東為最終防線，1939年葉恭綽、簡又文等就創立「中國文化協進會」，致力聯絡文化各界，並於1940年與香港大學籌辦大型的「廣東文物展覽會」，其時籌委會成員泰半都為清遊會人。葉氏於展覽會上特別提出「研究鄉邦文化，發揚民族精神」，首次將粵地區的文化研究，提升至保育民族精神的國族層次，貫徹了二十年代以來清遊會的一貫宗旨。1941年日軍攻佔香港，清遊會在港活動停頓，惟賴澳門清遊會員持續聚會。延至抗戰勝利後，再由李供林等人發起復會，[31] 早期會員如王紹薪、趙少昂等相繼赴會，一直迄八十年代仍維持其詩文活動。[32]

清遊會友的香港詩文

清遊會以其發揚國學的旨趣，於是來港後也分外注意到象徵與中國歷史連繫的宋王臺。陳樹人就曾作〈晚登九龍宋王臺同潘冷殘〉：

> 臨江片石尚崔巍，七百年間認劫灰。
> 人共河山沉默裏，夕陽西下宋王臺。[33]

潘冷殘即潘達微，字鐵蒼，冷殘為其晚號，亦廣東番禺人，少時也從居廉學畫，而早與陳樹人相識。二人同登宋王臺，眼見山石仍然巍峨壯麗，然而當年宋王朝的遺跡，只餘眼前的石刻，不禁心生慨嘆。兩人在夕陽之下，惟有沉默共對。如此朝代興亡引起的滄桑感懷，哀愁淡淡，亦不比前朝遺臣的聲淚俱下。在陳氏心中，鄉邦情事更為重要，其

〈黃花節同清遊會諸子遊青山〉就云：

> 驚心怵目黃花節，只在殊方寂寂過。不憚間關謀聚晤，_{蓴初、澤闓、仲}
> _{生、惠民、劍夫父婦，特來香江見訪。}便同遊眺異山河。
>
> 暖風千里薰新葉，豔日沿江媚靜波。到此我僑安可忘，鄉邦今日淚
> 痕多。[34]

「黃花節」即 1911 年黃花崗之役的紀念日，因此「驚心怵目」。
此日清遊諸子就約同結伴暢遊青山。山上景致明媚，千里新葉，日麗風
和。然而在陳氏心頭上，仍然記掛其鄉邦悲情。此作的寫作日期不確，
然而廣東在民國以後歷經「二次革命」與陳炯明叛變而內戰等等，時有
亂事。其「淚痕」也許不難想像。觀乎此，無論南社或清遊會，在一眾
知識文人心中，香港仍往往觸發各種國愁家恨。

參考資料及延伸閱讀

柳無忌編：《南社紀略》（上海：上海人民出版社，1983）。

程中山：〈開島百年無此會：二十年代香港北山詩社研究〉，《中國文化
研究所學報》，2011 年 7 月第 53 期，頁 279-310。

鄭春霆：《嶺南近代畫人傳略》（香港：廣雅社，1987）。

趙雨樂：〈近代嶺南文人群像：清遊會的活動探析〉，《九州學林》，第
14 期，頁 1-43。

註 釋

1　周淑媚:〈南社盟主柳亞子研究〉,《通識教育年刊》,2000 年 10 月第 2 期,頁 2。

2　陳香杏:〈清末民初文人的社會網絡:以上海南社為個案研究(1909-1923)〉,《人文集刊》,2009 年 6 月第 8 期,頁 142-150。

3　楊天石:《南社》(北京:中華書局,1980),頁 1。

4　高旭:〈無盡處遺集序〉,載周實:《無盡鷹遺集》(上海:國光印刷,1912),頁 1。

5　辛亥革命前後,文學團體多元發展,其社務會章鬆緊不一,以南社的組織規模至為完備,其全體成員名錄略可從《南社社員通訊錄》(三集)及《南社姓氏錄》(二集)中得知。社員先後組織了長沙分社、福建分社,及淮南社、遼社、粵社、酒社、消夏社、消寒社、分湖文社、梨社、同南社、雲社、鷗社、正始社、覺民社、七襄社、樂石社等分支團體。參閱王世剛編:《中國社團史》(合肥:安徽人民出版社,1994),頁 285-287。

6　柳亞子:〈柳亞子的詩和字〉,《人物》,1980 年第 1 期,頁 161。

7　胡樸安:《南社叢選》(台北:文海出版社,1966),頁 1。

8　林香伶:《清末民初文學轉型期的標誌 —— 南社文學研究》(台灣師範大學國文學系博士論文,2003),頁 139-142。

9　顧頡剛:〈我在辛亥革命時期的觀感〉,《中國哲學》,1983 年第 9 輯第 2 期,頁 515-516。

10　林志宏:〈從南社到新南社:柳亞子的民族和社會革命(1909-1929)〉,載《近代中國思想與制度學術研討會論文集》(2005 年 10 月 22-23 日),頁 389-418。

11　錢基博:《現代中國文學史》(北京:中國人民大學出版社,2004),頁 293-294。

12　莫應溎：〈英商太古洋行近百年在華南的業務活動與莫氏家族關係〉，載廣東省委員會文史資料研究委員會編：《廣東文史資料》（廣州：廣東人民出版社，1985），第 44 輯，頁 77-131。

13　見柳亞子：〈南社社友姓氏錄〉，載柳無忌編：《南社紀略》（上海：上海人民出版社，1983），頁 181-232。

14　參程中山：〈開島百年無此會：二十年代香港北山詩社研究〉，《中國文化研究所學報》，2011 年 7 月第 53 期，頁 280-281。

15　〈愚公簃詩社〉，《華字日報》，1924 年 8 月 20 日，頁 5。

16　上述均參程中山：〈開島百年無此會：二十年代香港北山詩社研究〉，頁 283-284。

17　胡從經：《歷史的蹕音 —— 歷代詩人詠香港》（香港：朝花出版社，1997），頁 160。

18　同上，頁 200。

19　同上，頁 201。

20　阮榮春、胡光華：《中國近代美術史（1911-1949）》（香港：商務印書館，1997），頁 42-47。

21　周貫明：《晚齋閒話續集》（香港：大同印務，1991），頁 62。

22　鄭春霆：《嶺南近代畫人傳略》（香港：廣雅社，1987），頁 145。

23　黃祝蕖：《求悕齋文集》（廣州：芋園叢書本影印，1935），卷三，頁 16-17。

24　黃詠雩：《天蠁樓詩文集》（廣州：花城出版社，1999），上冊，第一部《芋園詩稿》，頁 66-68。

25　參閱拙著：《黃顯芝的廣東米業與民國革命》，收入林啟彥、李金強、鮑紹霖編：《有志竟成 —— 孫中山、辛亥革命與近代中國》（香港：香港浸會大學，2005），頁 835-858。

26　王孝若：《約庵詩錄》（台北：文海出版社，1983），〈挽桂南屏太史〉有「會溯清遊剩幾人，紅棉十咏憶前塵」之句，其下註云，「民國十五年丙寅春，公赴清遊會宴，賦紅棉七律十首」，頁 50。

27 詩云:「鷗鷺難馴浩盪心,未緣煩劇廢登臨。清颸不斷開餘霧,落木無邊識勁林。四戰河山增壯麗,千秋人事付沉吟。竭來攬轡摩峰望,百粵雄圖好豁襟。」收於陳氏:《寒綠吟草》(上海:和平社,1929),頁 46。

28 詩云:「桃源是處認人家,不問江山與歲華。到此未須輕感慨,中原遍地尚蟲沙。」收於陳樹人:《寒綠吟草》,頁 62。

29 同上。

30 張惠儀:《香港書畫團體研究》(香港:香港中文大學藝術系,1999),頁 137-141。

31 鄭春霆:《嶺南近代畫人傳略》,頁 104。又據余祖明編《廣東歷代詩鈔》(香港:能仁書院,1980),卷十一,頁 1126 載:「民初廣州有清遊會,笠履甚盛。先生晚年重興於香島,每月月圓之夕,從澳岸來回,賦詩飲酒,興致瀟灑。以己未春圓月八日歸道山,即閏享受,百零二歲云。」

32 抗戰以後,清遊會友自內地及港澳重聚於廣州。1947 年 5 月至 7 月,陳樹人短時期回廣州,清遊會友大集迎送,見陳真魂主編:《陳樹人先生年譜》(廣州:嶺南美術出版社,1993),頁 88-89。黃詠雩《天蠁樓詩文集》(上冊),頁 307-308 載及 1948 年北園兩次雅集,先後出席者有:桂南屏、張闍齋、陳顒庵、黎六禾、劉伯端、詹無庵、陳寂園、余祖明(少颿)、黃子實、吳天任、余傳鳴、張蔭庭、黎澤闓、胡隋齋、張叔儔、冼玉清、張瑞京、張紉詩、黃詠雩等人。由上可推知,戰後初期,清遊會友類似的詩文活動不絕,其後基於新中國的政治形勢,留居廣州的清遊會友雅集雖多,惟以該會名義活動者絕少,轉為低調的群體聚會。而居港的清遊會友以離岸之便,反而活動積極,復會後成為保存國學文化的重心之一。1957 年,創會元老李供林八十壽辰,以詩詞致賀而記錄於唱酬集中者有七十餘人。1979 年李去世,八十年代香港清遊會召集人是鄧碧海。其時,第一代清遊子所餘無幾,轉為第二、三代新血參與。

33 陳樹人:《寒綠吟草》,頁 62。

34 同上。

下 卷

葉恭綽

郭沫若

陳寅恪

張愛玲

新亞學人

葉恭綽

——推動香港文教的鑒藏家

馮平山圖書館現址為香港大學美術博物館

二十世紀的中國文壇，除了在文字書寫上作出貢獻外，還值得注意的是文人如何進行文物收藏。特別是在戰亂中，不少南來文人除了帶著自己的著作逃難到港外，他們也盡力保護各類的文物。葉恭綽可謂文物保護以及有關文化宣傳的重要代表。葉恭綽為人所認識是他在政壇上的起落，特別是在交通方面的主張與貢獻。但他同時是一位熱衷於鑒藏的收藏家。他一生中幫助了中國不少文物得以收藏，保留至今。另一方面，他因戰爭曾移居香港，他在港期間的各樣活動以及經歷，更值得我們作出研究，看他在香港如何承傳著中國文化與精神。

背景介紹

葉恭綽（1881-1968），字裕甫，又字譽虎，號遐庵。葉氏原籍浙江餘姚，但早於五世時已移居嶺南，故其出生於廣東番禺。因其繼父葉佩瑲（1853-1916）出任江西知府，而隨之移居江西。[1] 在江西入讀私塾，深受繼父身為博學鴻儒文人的影響，好詩詞與習駢文。[2] 與此同時，對於清代時局尤為關心，甚至學習日語。1897 年，葉恭綽以捐監生資格入京參加鄉試，但因祖父去世而未能赴考。及後，他在廣東童子試之中，獲張百熙列為第一考入府學。當時，張百熙（1847-1907）十分賞識他，[3] 因此往後有多次提攜他，據年譜云：

> 光緒廿四年戊戌（1898）先生十八歲……隨叔達公遷居清水濠，應童子試時按試廣州者為長沙張文達公百熙極賞，先生所為鐵路賦，因以第一名取入府學，先生之受知於文達公，自此始先生厥後事業多與鐵路為緣亦巧合事也。[4]

葉氏在當次考試之中所呈為《鐵路賦》，而張氏後來則擔任清廷郵傳部的尚書。因此，張氏及後對葉恭綽的器重，亦使葉氏成為了交通系重要一員。葉氏在 1901 年進入京師大學堂，入仕學館入讀。[5] 當時大學堂的老師包括于晦若（1865-1916）、李希聖（1864-1905）、沈筱宜等文人雅士，葉氏與之情誼尤篤。畢業時，葉氏欲接替孫寶琦留館任教，但限於名額不足，而無法留館。於是輾轉於湖北擔任教員數年，直至 1906 年。[6]

1906 年清廷更改官制，創立郵傳部，[7] 葉恭綽便被張百熙提拔到郵傳部任部員，當時獲安排擔任鐵路提調處綜司借款各鐵路事務的工作。[8] 任職於郵傳部期間，屢獲賞識，先後擔任憲政研究股長、路政司郎中等。[9] 在與羅振玉、王仁俊（1866-1913）、蔣鳳藻等金石學家的交往中，他漸漸對金石學、考古等方面產生興趣。曾到過敦煌的伯希和（1878-1945）在 1909 年到京時，曾將於敦煌獲得的物品展示給葉恭綽等人，[10] 使葉氏對於文物的保護與收集產生了濃厚的興趣與使命感。他亦曾因伯希和取去了那些珍貴的文物而感慨地寫下：

> 考敦煌自東漢以來，恆為印、支宿德安般之地。梵、胡原夾，傳譯初文，乃至支那撰述，旁及儒、道文獻，多存乎是。故經典寫本，富冠諸方。五季之世，全州為流沙所沒，莫高靈窟遂同幽秘。降至清末，始以緣會，剖塵而出。而當時學士鮮復顧察，迨歐西諸國盡擷精英，攜渡重海，我方覺而求之，則已皆遺餘，而莫由窺其全豹矣。
>
> 夫以百王下之末學，而究千歲上之微言，僅此舊藏，足資征討。其於闡述，固已甚難。乃復緣運乖舛，世變紛乘，方晦跡於鳴沙，倏散流於外域。晦跡，則塵掩千載；散流，則瓜剖一旦。遂使聖言乍章而

旋闇，瑰寶才識而遽亡。斯文之喪，至於茲極。吁嗟，噫嘻，不亦酷乎！[11]

因此，他在工餘之時，便對文物保護、考古等工作甚有興趣，參與在大同雲岡石窟的發現與考古便是其中一例。過去學界均視葉恭綽為交通系重要人物，自郵傳部成立以來，即使清亡以後，在不同軍閥統治期間，他一直任職於交通部門的重要崗位，更官拜交通總長。當中，在其領導下，中國政府在俄國革命期間，成功接管中東鐵路，亦有不少新創見，可惜因政治糾紛，未能將其所能發揮。然而，他曾撰寫《交通救國論》、〈五十年來中國之交通〉等著論，盡見其對於交通發展的熱誠以及以交通事業來改革國家的重要觀念。

在《交通救國論》中，他著書的目的在〈緒言〉中已言明：

> 著者向罕著書，尤惡空談，今茲所述，蓋幾經審顧而後下筆，蓋交通之為物，其與國家前途關係之重要，及吾國人對其念之不明確，概如文中所述，而十許年來，迄無不避嫌忌，深切痛快以言之者，著者深慮今後影響於國家之前途者益鉅且盡，故忘其地位與歷史，敢本平日經驗所得，抒其管見，以餉國人，今請先有數端告於讀者。[12]

除了穿梭於交通等政治事業外，他亦在中國的教育活動方面甚有貢獻，他曾於 1927 年協助北京大學成立國學研究館，他認為該館的成立有助宣傳文化，揚我國光，使國家與民族有所寄。他在該館的開幕演詞，說明了該館創立對於國學研究的重要性：

> 至於國學尤然。苟不採科學上之方法，則整治國故之一語，殆屬毫

無意義。此鄙人所以主張採科學之精神，發揚國故。斯實為今日治國學之第一義也……

　　學問一途，茫無際涯。博學專精，士林所重，惟非博則不能通，非約則不能精。而博學專精固厘然兩途，博學而無所編與執一而蔽於所守，其失正同。古今學者未免此弊。此其故，蓋未深諗由博返約之義，而比較研究之方法，尤其所短故也。此鄙意由博返約之說，所以為今日治學之要者，二也。

　　夫學以分類研究而益精，以正反相證而益明。近世邏輯之學，類種之判，析辨綦精。印度因明，同異兩喻，宗因是依。治學之道，捨此末由。我國國學，搜遺補佚，前人之工作已多，緝熙光明，其責端在我輩。本館為研究國故最高學府，分類研究之精神，蓋不僅在乎科目，抑在一科、一目之中，分析愈細，研理愈精。此今日治學之要者，三也。[13]

可見，他對於當時整理國故的運動甚為支持，甚至擔任了北京大學國學研究館的館長。另一方面，他又協助籌辦交通大學的合併。1921年前，當時交通部計劃將四所不同地方的高等學府合併，定名為交通大學。他們均推舉當時曾參與交通部及教育事務的葉恭綽為第一任校長。在其領導下，交通大學成為民國的重要大學之一。在開學典禮期間，葉恭綽曾指出他心中認為的大學教育的精神是：

　　諸君修學，當以三事為準衡：第一，研求學術，當以學術本身為前提，不受外力支配，以達獨立境界；第二，人類生存世界，貴有貢獻，必能盡力致用，方不負一生歲月；第三，學術獨立，斯不難應用，學術愈精，應用愈廣。[14]

由此可見，他對於學術獨立相當重視，亦認為學術研究有助於貢獻人類社會，可見他對於文教事業的重視與決心。他對於國家文物的研究與保護亦相當重視，其中曾多次舉辦展覽會，他曾說：

> 比年，國中鴻碩極力提倡史地之研究，復屢有文獻展覽會之設，令一般人士對於先民貽衍之文化，有真切之認識。從而，進一步加以檢討與改估。收效業已甚宏。徒以戎馬紛紜，未遑普及。[15]

其鑑藏的成就也是值得留意的，他本人亦曾說：

> 四十年前余收藏書畫頗富，其時故宮及諸舊家散出之物，紛紛出國，余與諸友發願同截其流，因此所得精品不少。[16]

文物收集以外，他的詞學與書法成就亦受到各方面的高度認同。他自言家學與其文學成就有很大關係，他說：

> 余少承家學，先曾祖蓮裳公、先祖南雪公、先父叔達公，均為文學家。承繼之先父仲鸞公，則喜研究性理、歷史、聲音、訓詁、算術等，余以遺傳，兼少侍仲鸞公膝下，重陶有自。[17]

而事實上，其曾祖葉蓮裳、祖父葉衍蘭等均有詞集所存，葉家基本上是為世所稱道的文學世家。[18] 而他本人的詞學主要受譚獻、文廷式與朱祖謀等人的影響，風格雖嬗變，但至少可引證的是，他一直在詞學之中默默地發展。除了詞的創作外，他另一重大的貢獻其實是清詞文獻的編纂。葉氏先後編有《廣篋中詞》、《全清詞鈔》。雖然兩書的出版緣起最

初非由葉氏主張，但卻於葉氏手上得以完成，他使學界能夠了解清代詞學發展的一大概要。他本人在序中提及：

> 《全清詞鈔》注意到有清一代作品的作風和流派的轉變，希望於每一時期傑出和流行的作品中能以表現其跡象。如順、康初期之猶襲明風，康、雍之力追宋軌，乾隆初、中葉之漸入庸濫，乾隆末葉及嘉慶時之另闢途徑等等，均設法顯明其內蘊，這是一個要點。因為不是一部詞選，所以取錄的尺度，不能完全一律。

葉恭綽將《全清詞鈔》作為學界對清詞史的一種參考材料，他亦因此在詞學界獲得了很高的評價。而書法基本上是他最為擅長的方面，今天有不少對於葉氏書法頗為深刻的研究，而以葉氏的角度而言，書法是承傳中國文化以及文字的重要渠道，他指：

> 今人多謂書法非藝術，余以為此只就歐美傳統之說言之，若東方數千年文化所關之文字，不應以此域限自棄其菁英等之土苴也。[19]

中日戰爭期間，他於 1937 年移居香港後，曾出版《寫字學綱要》，來說明書法的重要性。此外，他在香港更重要的文教成就，便是成立「中國文化協進會」，期間大力宣傳中國傳統文化。但在日人控制香港後，便受到監控，加上無子亦無立嗣，故以賣字來維持生計。他曾於賣字的告示下說明當時的慘況：

> 余今年六十四矣……四十年來積資有限，所存書畫古物本以供研求考察之資，著述無成，多藏可戒，近亦強半易米。余無子，又未立

嗣，集女近況可念。弟侄輩皆酖清苦，同祖之房孤寡及妹輩散居各地。值時局紛擾，生計良艱，恆深較注。……今將剩餘書畫古物設法出售，以供養老追遠及刻書濟人之用，或別定保存計劃，以後再行定奪。以前江北蘭田、滬上房地，前已售應售需，吳門一老，棄同敝屣矣。望請親友以後各自努力，視余為已死，斷離形神上各聯繫，令余得安心修持，打疊已事，余以此不再問世務及家務矣。[20]

儘管如此，他以民族氣節為由，未有擔任汪政權職務。直至 1949 年中華人民共和國成立以後，他未有南下，而是留在中國大陸，被周恩來邀請回京任職各種文教要務，其中於 1957 年接替身體不適的符定一（1879-1958）擔任中央文史研究館館長。[21] 只可惜，如一般的文化界人士一樣，受「反右」運動與「文革」連累，葉恭綽於 1968 年病逝於北京，享年八十七歲。[22]

葉恭綽的過港情事

葉氏南來香港的主要時間是 1937 年至抗戰期間。在 1937 年以前，他已離開政界，轉為文化界作貢獻。而在日軍入滬時，他便移居香港。據當時香港的報章報道，他是以中華實業專使身分到港，當時已推動香港購買國貨、支持國家實業的運動。[23] 而他更重要的工作也是和他在大陸期間一樣，就是推動文教以及推廣中國文化精神。來港期間，他曾多次獲邀發言及公開演講，從他提及主張孔道的承傳對世界大同有幫助這點上，可見他懷有這樣的抱負，他指出：

中國秉有數千年古道，正宜以時制宜，順著潮流，循序而進，以應

付目前時局，至時局問題，則非所論及，孔教道在中庸，中庸之道，即是和平，以和平立國，當無往而不利，世界各國，英或明之，故現在距離和平時期尚遠，吾人仍須秉其目的向前途邁進，間有以孔道為不適潮流，不無錯認，其實孔道有如金鑛，欲行孔道須加以精細磨煉，始獲成功，孔道誠為人生立世，不二之模範也，而教字吾人，尤應以廣義認識斯屬乎教化，如認為宗教之教，則未免狹義視之矣。[24]

從此處可以看到，他在香港積極推動當地的中國文化教育事業。[25]當中更重要的是，在香港推動的是文物介紹以及展覽的事宜。早於 1939 年，他便協助香港大學中文學會籌辦古玉展覽會，亦埋下了後來他在香港舉辦廣東文物展覽會的伏線，並成立了中國文化協進會。1939 年初，成立不久的中國文化協進會立刻籌劃廣東文物展覽。[26]該會定於 1940 年 2 月於香港大學馮平山博物館，展出廣東歷代名賢之繪畫、墨跡、圖像、服御用器及其相關文獻之影片、拓本、鈔校本、圖書等。而該籌備委員會的主席便是葉恭綽，他連同當時的著名文化人士，如許地山、陳君葆（1898-1982）、簡又文等一起籌劃。該活動不僅主辦文物展覽，還配合有關展覽計劃舉行演講會及收集論文發表。[27]該活動最後更將有關的文物收藏整理後，計劃出版《廣東叢書》。[28]

在葉氏等人的努力下，當時經過半年共收集了超過七百件文物，[29]最終在開幕時共兩千件，是相當重要的成就。如有簡又文於倫敦博物館所複製的《資政新編》、《欽定軍次實錄》等太平天國文物，又有革命遺物，如陸丹林出品之《中華革命黨總理之誓約》（有孫中山的指模），也有先烈史堅如先生被清廷捕獲時的口供；古物方面，則有陳公哲在港發掘之史前古物多件以及在廣州發現之漢南越王塚內之黃楊木刻三塊。[30]這些材料不僅對於歷史研究有重大價值，更重要的是，可讓當時香港各界

對中國文化有深層的認識，以及強化民族情感，有助於當時需要民族團結的時代。葉氏曾解釋有關活動的宗旨：

> 廣東文化，見於史籍者，雖較中原為略後。然比年地下之發掘，實物之參稽，已證明此邦文化之進程，具有深長、特殊之歷史。
>
> 由秦、漢，以迄明、清、民國，握中、外交通之樞紐，結東、西文化之胚胎。神州舊德，多賴留貽；環宇新機，端資創闢。
>
> 其間，端人、烈士、名將、通儒、藝者、逸民、高僧、列女，雲興霧湧，璧合珠聯，任舉一長，每堪千古。故都喬木，南海明珠，言念流風，蔚為大國；高山仰止，景行維賢，剩馥殘膏，都成馨逸矣！[31]

在民族團結的時候，亦有助保存中國文化，特別是南方的傳統文化，可見他利用了香港作為這樣的平台來推動民族文化的承傳事業。而事實上該活動亦相當成功：

> 雖交通困難，經費短絀，卒於兩閱月徵得出品五千餘件，開會五日閱覽者凡十餘萬人，為港地向所未有。[32]

在葉氏停留香港短短數年間，其對本地的文教活動作出了很大的貢獻。例如 1940 年初，港九教聯會舉辦的學生論文比賽，該比賽主要目的是希望「提高學生民族意識，激勵愛國情緒，開展青年抗戰建國之文化運動起見，特舉辦中學生抗戰建國論文比賽」。透過以「抗戰建國」為範疇，使學生在參加各種比賽期間提高民族意識，而當時葉氏願意參與作為評審，來支持有關的活動，[33] 可見他對於這種香港民族文教活動的大力支持。

葉氏在香港多次被邀請參與畫展的開幕，而更值得留意的是，葉氏利用香港作為交流的平台，協助當時國際展覽會的舉辦。1939年的報道指，當時蘇聯藝術部希望舉辦關於中國的藝術展覽，當時的中國政府重要官員均委派葉氏作為中介人徵集各種文物。[34] 而在複雜的三十年代，香港是當時中國惟一能對外溝通的城市，葉氏乘此便利，造就了當時中國文物的對外交流。

他對於香港文教事業的貢獻，也可見於佛教活動之中。早在中國大陸期間，他曾積極發現宋朝的《磧砂藏》，並協助出資影印，使宋版藏經能夠傳播全國；此外亦曾在上海成立佛學圖書館；後來，因戰爭而遷居到香港的葉恭綽，亦對當地的佛教研究與教育作出積極貢獻。例如，他曾為東蓮覺苑題字，又成立了華南佛學院，協助當時流離失所的學僧。[35]

葉恭綽在香港的時間不多，但卻為香港這塊土地作出了各種重要的貢獻。與此同時，葉氏亦利用了香港這個平台，推動了中國文化的傳承以及文物教育。雖然他的成就不在於學術的新創見，但如其他南來文人一樣，葉氏使香港成為了收集文物的集中地，並以香港收集文物作為橋樑，強調中國文化承傳的價值以及民族精神彰顯的渠道，這一點值得我們更多地去留意，這也是過去學者未有特別注意之處。

葉恭綽的香港足跡

葉恭綽在港期間，主要活動均與香港大學有關。因他與許地山等人合作籌組廣東文物展覽會，而當時的馮平山圖書館便是展覽場地。馮平山圖書館於1929年動工興建，1932年12月14日由港督貝璐（William Peel, 1875-1945）爵士主持揭幕，為應當時馮平山先生捐贈要求興建的一所中文圖書館。1928年，時任港督金文泰希望收集各方代表意見與捐款

馮平山圖書館現址為香港大學美術博物館

來設立中文學院，而馮平山特別支持有關活動，他本人指：

> 為昌明國學，保存國粹起見，大學漢文科之設立實刻不容緩。……余助一萬元，並欲速其事之早日成立也。對於各界舉余擔任司庫之職，亦樂就之而不辭。[36]

因此馮平山積極的捐助，使大學成立了中文系，同時也設立了一所中文圖書館。馮平山雖未親見圖書館的成立，但馮秉華先生在開幕典禮上講述了馮平山圖書館捐贈的經過和馮氏的理想：

> 先父捐建此館之目的有二：一以使香港大學成為南中國蒐藏與保存中國古籍之主要重心，一以鼓勵華人研究祖國語言及歷史、風俗習慣。先父對香港大學成為南中國學術中心深具信心，且深信此中文圖書館必能填補本港教育制度之重要空隙，使東西文化制度能溝通研究。先父於此理想從不動搖，且更竭其精力以實現抱負。[37]

而事實上，該館一直作為當地華人的文化中心，舉辦諸如「漢代木簡展覽會」等的活動。[38] 而葉恭綽來港以後，亦利用馮平山圖書館作為平台，與許地山等人舉辦各種文藝活動，例如為人熟知的廣東文物展覽會，就成為當時受到各方讚頌的活動。[39]

值得一提的是，作為文物收藏家的葉恭綽當時曾協助鄭振鐸（1898-1958）等人在上海與江浙等地收集因淪陷而流入市場的古本。他與許地山合作，用盡各樣方法，將這些古本運送到馮平山圖書館收藏。[40] 雖然這些古本後來均被日軍搶奪，但可以說明葉氏利用了香港大學圖書館這平台，保存了承載中國文化的史料與文物。[41]

另一方面，今天仍可看見葉恭綽足跡的地方，是位於港島的東蓮覺苑。東蓮覺苑是著名商人何東的夫人張蓮覺（原名為張靜蓉）所出資興建的佛教寺院，位於香港島跑馬地。該院採用當時中國流行的文藝復興建築風格，而寺院內亦有不少文人的牌匾與文物。其中，葉恭綽所寫在門楣的是「東蓮覺苑」以及東蓮覺苑兩支大柱的對聯：「東照一光昏衢灼破，蓮開九品彼岸同登。」[42] 而在齋堂牆上亦掛有葉恭綽所寫的「勇猛精進」的書法，可見葉恭綽的書法一直受到多方的認同，亦受佛教界所喜愛，故而特別請他題字於東蓮覺苑。有趣的是，因張蓮覺的關係，使何東及張蓮覺的別墅——曉覺園中，也有葉恭綽所題的「來去皆淨土，安隱即名山」，可見葉氏的墨寶遍佈於香港不同地方。[43]

葉恭綽與團體的交往

在香港期間，與葉恭綽有關的最重要的團體就是於 1939 年成立的中國文化協進會。該會原由簡又文、歐陽予倩（1889-1962）等旅港文化人士發起，結合文藝界、新聞界、電影界、戲劇界及漫畫界人士，闡釋抗戰期間文化人士的責任，而葉恭綽當時被推舉為理事。該會的主要任務包括：關於文化問題之研究與批判、關於文化事業之創造與推動、關於文化人士之聯絡與合作、關於國內外文化之溝通與服務等，理事主要協助該會的發展。[44]

另一方面，香港有不少大學教員均係葉恭綽之好友。葉恭綽在港期間，雖然沒有任何教學職位在身，但是許地山、陳君葆等，以及之後來港的饒宗頤都是葉氏的好友或甚至深受葉氏的影響。在舉辦廣東文物展覽會或是搶救文物的過程之中，許地山一直是葉氏的最佳戰友，而許地山過身時，葉氏也擔當許地山治喪委員會的成員。[45]

葉恭綽題寫的「東蓮覺苑」門額

而使葉氏與饒宗頤有所連繫的是編纂清詞一事。葉恭綽於 1937 年避居香港期間，已蒐集到不少關於清詞的資料，而饒宗頤因受聘為中山大學研究員，準備隨校就往西南地區。但饒氏因中途染病而滯留香港，而與葉氏相識，葉氏並讓他接替楊鐵夫繼續從事編輯清詞的工作。[46] 饒氏的工作獲得葉恭綽的高度肯定，也使他們二人在學術及文藝上有著深刻的交流，亦是饒氏對詞學產生興趣的開始，後來饒氏亦對清詞有所研究。而我們只要細心觀察兩人在 1941 年香港淪陷前夕唱和的詩詞，便可發現他們二人的友好關係。

　　　　〔眼兒媚〕送饒伯子歸里。饒，海陽人。

　　　　笛聲吹斷念家山，去住兩都難。舉頭天外，愁煙慘霧，那是長安。

　　　　仙都路阻同心遠，誰為解連環。鄉關何處，巢林瘁鳥，忍說知還。

　　饒宗頤和作：

　　　　〔眼兒媚〕阻兵滯雨，欲歸無舟，徒有懷土之情。依贈別韻。

　　　　驚濤拍岸霧沈山，歸棹渡良難。登樓四望，灞陵回首，不見長安。

　　　　路遙卻羨楊朱泣，悲結大刀環。更堪殘月，時傳哀角，只勸人還。[47]

　　從這樣的唱和，可見葉饒兩人確在香港建立了為後人所讚譽的學術友誼。

　　除此以外，葉氏也擔任中國電影教育協會香港分會的理事。1939 年 12 月，該會於香港成立了分會，主要的目的是希望透過電影作為教育社會大眾的重要媒介，以解中國面臨的水深火熱的危機，[48] 可見葉氏在香港仍不遺餘力地推動中國文化的教育工作。

葉恭綽與中港政府的關係

葉恭綽早期被視為交通系的重要一員。辛亥革命以後，袁世凱就任中華民國臨時總統時，郵傳部改組為交通部，並由葉恭綽以路政司司長的身分兼任鐵路總局局長，專責各種鐵路事宜。當時他認為中國政府的首要工作是改變鐵路建設的發展，而鐵路對於國家的統一及完整有重要的意義，他曾指出：

> 關於路線之計劃，今日首要之圖：（一）對於國際上宜設法縮短歐亞交通之途程，使吾國得直接與西比利亞鐵路連接。……（二）對於國內宜迅速建築縱橫兩大幹線，一為橫斷亞陸之隴海線，一為縱斷中國之粵漢線，使之早日接通京粵。[49]

民國時期，他與國民黨關係密切，在香港舉辦總理逝世紀念日時，葉恭綽也獲邀請於當地演講總理史略。[50] 據報道，葉恭綽當日發表了關於孫中山的一些評論，他認為當今國人應學習孫中山淡泊精勤的個性，又介紹了孫中山的「人格救國」和「要做大事不要做大官」等遺教，讓當日的聽眾作參考。

然而，在留港期間，雖然他仍與國民黨關係甚密，但實際上他對於國民政府內部的鬥爭已相當厭倦。他於香港生活時曾創作了粵劇《百花塚》。百花塚原是明末名妓張喬的墓，而該劇主要以懷念才女的主線，來聯繫明末的亡國恨與抗戰的悲觀，同時也反映出南明內部鬥爭的史實。這一點與國民黨當時的情況相當契合。[51] 劇中寫道：

> 今日滿目江山空剩作詩情畫，料未知何日再見珠澥回潮。[52]

可見在港期間，他慢慢對當時的政府感到失望。因此，戰後他未有隨同國民黨遷台，反而在新中國成立後，到北京參與文教工作。當時葉氏與新政府關係良好，先後被委任為中國文化教育委員會、文學藝術界聯合會、中國文字改革委員會、中國美術家協會、中國佛教協會等委員及理事，並曾於 1955 年被委任為中國畫院院長，為新中國早期的文教事業作出相當大的貢獻。雖然他本人未有加入共產黨，但他是國民黨左派背景的中國農工民主黨黨員，不過未有就重大政治事務發聲或參與事務。

以上可看出，葉恭綽雖然出身於交通系，但在民國與新中國時期，仍然與不同的政府保持良好的關係，亦都因為他在晚年已專心在文教事業，而非政壇，故他對政治事務並沒有明顯的參與，反而在文化與教育事業上，留卜種種痕跡。

葉恭綽的中國政革意見與過港感受

在葉氏早期任職交通部時，他已積極參與中國政治改革的活動，他提倡的「交通救國論」為其中的重要主張。他指出：

> 抑吾更有進者，今日世界大通，相互之利害，日形密切，任何國本身之狀況均可影響全球，而全球之形勢，亦隨在皆能支配何國，而使之生內部之變化，中國問題之為世界問題之焦點，於今為烈。第二次世界大戰之將在遠東方面，已為人所共認，而汲汲謀所以防止及應付吾國而能自立，則誘發吾國政治經濟野心之機會，將由少至於無。而因吾國經濟之開發，我復得對世界而供其缺陷，以進求真正平等之互助，經濟之恐慌與侵略，皆無所用世界平和之實現，庶可由茲，固非止吾國之福而已也，特非交通事業之整理與發達，則吾國之自立與開發，殆終屬無望

且吾國交通事業本身之足為國際戰爭之導火線者，且屬不斟為目的物之吾國，詎有餘幸，固知交通救國之論，絕非一時聳聽之言，而急求其維持整理以進謀發達亦非不哀緩急不見也，願世界深識明達之士，及與有關係諸賢，速熟思而共圖焉，幸甚。[53]

在《交通救國論》的結論中，葉氏認為交通與全國的政治、外交以及經濟有莫大關係，積極推動交通的改善以及發展，是使國家穩定、富強及避免戰爭的最佳方法，故他強烈地提出有關的訴求。儘管民國的歷史告訴我們，葉氏的主張未能得到當時的當權者支持，但從他的主張可以看到他的才能與遠見。

留港期間，葉氏聯絡在港的文人同好，既參與詩社雅集，又協辦嶺南文物展覽活動。葉氏強於鄉邦文學，扶持後學繼承其研究工作；香港大學的中國學粹得以深化，實孕育於葉氏與學人的多方接觸，及開拓中西文化之間廣泛的學術對話。[54]1937年葉氏來港之後，據《葉退庵先生年譜》載：

先生在港時，仍未嘗一日自逸，或與朋舊漁畋藝苑，鼓吹詞壇，或表彰先賢保全文物，蓋發擄懷舊之蓄念，即隱以喚起民族之精神。[55]

與許地山、馬季明等開古玉展覽會於香港大學。先生講演力主應革除玩賞心理而從事研究，謂石器銅器時代間有一玉器夾雜其間，乃吾國之特色。言文化史者應注意，一時風氣為之丕變。[56]

可見，他利用香港作為中西文化對話的平台，希望在亂世之中，能夠積極推動文化事業，闡揚中國文化的本質，建構新的文化史觀，這些都是具創新意念的想法。對於葉氏來說，香港便是他闡明有關想法的地

方，也是讓外界能夠認識中國文化的重要基地。由此可見，他在港期間主要從事的是香港本地的文教活動，更是視香港為傳承民族文化精神的中心。

參考資料及延伸閱讀

彭玉平：《葉恭綽詞學文集》（鄭州：河南文藝出版社，2015）。

楊權、姜波：《開拓近代交通事業的文化人：葉恭綽》（廣州：廣東人民出版社，2009）。

葉恭綽著，葉公超輯：《葉遐庵先生書畫選集》（台北：漢華文化，1975）。

註 釋

1   葉恭綽：〈自君仲鸞公家傳〉，載遐庵年譜彙稿編印會編：《葉遐庵先生年譜》（北京：北京圖書館出版社，1999），北京圖書館藏珍本年譜叢刊第 199 冊，頁 25、30。

2   據知他的私塾老師皮錫瑞（1850-1908）喜為駢文詩詞，故葉氏受影響甚深。遐庵年譜彙稿編印會編：《葉遐庵先生年譜》，頁 31。

3   張希林、張希政：〈恢復重建京師大學堂的張百熙〉，《北京大學學報（哲學社會科學版）》，1998 年第 2 期，頁 105-113。

4   遐庵年譜彙稿編印會編：《葉遐庵先生年譜》，頁 32。

5   同上，頁 33。

6   同上，頁 34。

7   趙爾巽等：《清史稿》（北京：中華書局，1977），〈本紀廿四，德宗〉，頁 956。

8   遐庵年譜彙稿編印會編：《葉遐庵先生年譜》，頁 35。

9   同上，頁 37。

10   同上，頁 39。

11   葉恭綽：〈敦煌經籍輯存會緣起〉，載氏著、姜緯堂選編：《遐庵小品》（北京：北京出版社，1998），頁 237-238。

12   葉恭綽：《交通救國論》（上海：商務印書館，1926），頁 1。該書於 1924 年 9 月出版第一版，在 1926 年 7 月出版第二版。

13   葉恭綽：〈北京大學國學研究館開幕演詞〉，載氏著、姜緯堂選編：《遐庵小品》，頁 5。

14 　葉恭綽：《遐庵彙稿》（台北：文海出版社，1968），第 1 輯。

15 　葉恭綽：〈廣東文物展覽會緣起〉，載氏著、姜緯堂選編：《遐庵小品》，頁 17-18。

16 　葉恭綽：〈紀書畫絕句書後〉，載氏著：《矩園餘墨》，頁 213。

17 　葉恭綽：《遐庵彙稿》，第 1 輯。

18 　彭玉平：〈論民國時期的清詞編纂與研究〉，《南京大學學報（哲學‧人文科學‧社會科學版）》，2009 年第 2 期，頁 113。

19 　葉恭綽：〈明祉枝山字卷‧跋〉，載氏著：《矩園餘墨》，第 122 頁。

20 　葉恭綽：〈遐庵書札‧致吳湖帆〉，《歷史文獻》，第 12 輯（2008 年 5 月），頁 241。

21 　〈國務院關於由葉恭綽代理文史研究館館長職務的通知〉，《中華人民共和國國務院公報》，1957 年 11 期，頁 211。

22 　孔毅：〈葉恭綽的卒年 ——《中國近代史詞典》一誤〉，《近代史研究》，1989 年第 1 期，頁 89。

23 　〈廠商聯合會昨招待葉恭綽〉，《華字日報》，1938 年 1 月 12 日，第 2 張第 4 版。

24 　〈葉恭綽鄭洪年　昨參觀孔聖堂〉，《工商日報》，1938 年 4 月 15 日，第 3 張第 1 版。

25 　另外，他曾到香港大學中文學會等地發表關於中國詩詞的演講，詳參〈港大中文學會明日大會　請葉恭綽演講〉，《工商日報》，1938 年 4 月 21 日，第 3 張第 2 版。

26 　〈廣東文物展覽中國文協今日開會　籌備委員葉恭綽為主任〉，《大公報》，1939 年 11 月 15 日，第 6 版。

27 　《華字日報》，1939 年 12 月 13 日，第 2 張第 4 版。

28 　〈葉恭綽等編印廣東叢書　粵省府撥二萬元為印刷費　文物展覽會徵文昨日頒獎〉，《華字日報》，1940 年 4 月 21 日，第 2 張第 3 版。

29 　〈文物展覽會籌備近況　已徵得展品七百餘件　葉恭綽等任審查委員〉，《華字日報》，1940 年 1 月 7 日，第 2 張第 3 版。

30 　〈粵文物展昨日開幕 葉恭綽主席吳鐵城剪綵　國難期間此會意義深長〉，《大公

報》，1940 年 2 月 23 日，第 6 版。

31　葉恭綽：〈廣東文物展覽會緣起〉，頁 18。

32　遐庵年譜彙稿編印會編：《葉遐庵先生年譜》，頁 393。

33　〈港九教聯會舉辦學生論文比賽　報名三十日截止　下月五日舉行　聘葉恭綽等五人任評閱〉，《大公報》，1940 年 4 月 27 日，第 6 版。

34　〈蘇聯舉辦中國藝展會　藉溝通文化增進邦交　葉恭綽負責徵集出品〉，《工商日報》，1939 年 6 月 26 日，第 2 張第 4 版。

35　司徒一凡：〈葉恭綽香江佛緣〉，《香港佛教》，2010 年 2 月第 597 期，頁 12-130。

36　馮平山：《馮平山先生自編年譜稿本》（台北：文海出版社，1971），頁 16 下。

37　*South China Morning Post*, 14 December 1932.

38　黎樹添：〈馮平山先生與圖書館〉，*Journal of Hong Kong Library Association*，第 8 期（1984 年 1 月），頁 54-55。

39　童宇：〈1940 年廣東文物展覽會籌備人物考證及其相關問題〉，《美術與研究》，2012 年第 3 期，頁 22-23。

40　杜恩龍：〈博學多才的葉恭綽（上）〉，《鑒藏家》，http://www.gg-art.com/identiter/index_b.php?newsid=2731（訪問日期：2016 年 9 月 20 日）。

41　黎樹添：〈馮平山先生與圖書館〉，頁 56；並參謝榮滾：〈戰火中的國寶大營救——記鄭振鐸與陳君葆的護書佳話〉，載氏編：《陳君葆文集》（香港：三聯書店，2008），頁 508-510。

42　司徒一凡：〈葉恭綽香江佛緣〉，頁 12-13。

43　司徒一凡：〈葉恭綽香江留跡〉，《地平線月刊》，第 140 期（2011 年 5/6 月），頁 20 21。

44　〈中國文化協進會成立　葉恭綽等廿七人任理事〉，《工商日報》，1939 年 9 月 18 日，第 2 張第 3 版。

45　〈四十餘文化團體昨追悼許地山　張一麐主席致開會辭葉恭綽宣讀大會祭文〉，《大

公報》，1941 年 9 月 22 日，第 6 版。

46 陳賢武：〈略論葉恭綽對饒宗頤治學道路的影響〉，《韓山師範學院學報》，第 28
    卷第 2 期（2007 年 4 月），頁 17-18。

47 同上，頁 19-20。

48 〈電協會港分會昨成立 選出王雲五葉恭綽等為理事〉，《華字日報》，1939 年 12
    月 13 日，第 2 張第 4 版。

49 彭玉平：〈論民國時期的清詞編纂與研究〉，頁 25。

50 〈昨日本港各僑團隆重紀念總理忌辰 羅旭龢主席以奉行遺教相勉 鄭港年葉恭綽
    報告總理事略〉，《大公報》，1940 年 3 月 13 日，第 6 版。

51 童宇：〈1940 年廣東文物展覽會籌備人物考證及其相關問題〉，頁 28。

52 葉恭綽：《遐庵談藝錄》（香港：太平書局，1961），頁 139。

53 葉恭綽：《交通救國論》，頁 63-64。

54 趙雨樂：〈二十世紀上半葉粵港文人的雅集與交遊：讀黃詠雩《天蠁樓詩文集》〉，
    載劉義章、黃文江編：《香港社會與文化史論集》（香港：香港中文大學聯合書院，
    2002），頁 57-73。

55 遐庵年譜彙稿編印會編：《葉遐庵先生年譜》，頁 381-382。

56 同上，頁 386。

郭沫若

——停駐香港的左翼文人

1930 年代的六國飯店。郭沫若停駐香港時曾下榻在此。（鄭寶鴻提供）

除卻革命黨及其後的國民黨眾之外，中國共產黨亦早在香港發展。1921 年 7 月，中共在上海成立；翌年香港爆發海員大罷工；1925 年爆發省港大罷工，共產黨工運領袖鄧中夏（1894-1933）亦赴港參與，同年並開始在港招收共產黨員。此後中共在香港持續成長，活躍於各個階層。1929 年更協助越南領袖胡志明（1890-1969）在港成立越南共產黨。[1] 在及後的抗戰以至國共相爭之際，香港都係中共華南的活動基地，亦有不少知識分子南來作業，當中包括日後成為中共學界代表之一的郭沫若。郭氏本係民國時期中國史學與考古學的重要人物，在國民政府遷台前已當選為中央研究院院士。在中共建政後，其即出任中國科學院院長與中國文聯主席，也曾為國務院前身政務院之副總理及全國人大常委會副委員長，政學雙修，地位超然。其香港經歷，可堪反映中共在港的學術政略。

郭沫若的身世與中共的淵源

郭氏（1892-1978）原名開貞，字鼎堂，號尚武，四川樂山縣人。其出身商戶，然而由於家財早散，至其一代已然零落。[2] 革命後，郭氏刻苦力學，得以官費留學日本，原志在「實業與醫學」。[3] 但在 1919 年「五四運動」之刺激下，憤而體會到實業醫學並不足以救國，再加上其本身的興趣，從此轉向文藝。[4] 不久即以新詩創作而揚名，又與魯迅等左翼作家聯合，提倡革命文學的理論。[5] 與此同時，隨著中國局勢繼續動盪，苦無出路，郭氏受馬克思主義影響，思想趨向激進左傾。1924 年就撰文指出要通過「無產階級的鬥爭」，將個人主義與自由主義「根本鏟除」，方可令社會分配均等，並免於受資本主義列強的操縱。[6] 1926 年，郭氏先後認識周恩來（1898-1976）與毛澤東（1893-1976）等，彼此惺惺相惜，漸走

入中共圈子。同年更獲中共的支持而得以加入國民革命軍，負責政治宣傳。[7] 然而 1927 年蔣介石決定清黨，郭沫若亦受波及，逃亡間乃決志加入共產黨，正式投向中共陣營。不過入黨一事一直秘而不宣，中共希望郭氏能於國外隱居避禍，並於文化界累積聲望，他日以無黨派學人的面目回國鼓動文化圈的支持。[8] 翌年，郭沫若於是在中共協助下流亡日本，從此潛心著述。

在日期間，郭沫若繼續研讀馬列著作的同時，又開始研究甲骨文與金文。[9] 1930 年並寫就了名作《中國古代社會研究》，從馬克思主義出發，將中國上古商周秦漢的歷史，比附為原始社會向奴隸制、封建制的演進。由於當中引用大量考古發掘資料，釋述精詳，在當時即引起一大迴響，三年間刊行超過九千冊，建立起中國的馬克思主義史學，[10] 於中國大陸的影響至今猶在。其後又陸續發表了《古文字研究》、《殷周青銅器文字研究》、《金文叢考》、《卜辭通纂》等一系列研究，轟動學界，與王國維、羅振玉、董作賓等並稱「甲骨四堂」（四人字號皆有「堂」字），為民國期間古文字與上古史研究的代表人物，不負中共所望。1948 年當選為國民政府第一屆中央研究院院士，堪稱中國學術界的代表，名重當世。不過，郭氏似乎並不重視此次當選，甚至沒有出席過其院士會議。[11] 事實上，其時郭沫若已然在香港別有任務。

南來歷程與任務

其實郭氏此前已曾到過香港。1927 年蔣介石清黨，郭沫若就曾於香港避禍一個月。[12] 十年後，1937 年 11 月，由於上海及華東一帶，除租界以外已全面淪陷，「感覺無可作為」，於是郭氏打算南下南洋繼續文藝工作及向華僑募款。期間先停駐香港，下榻灣仔告士打道的六國飯店（今

今日位於灣仔之六國酒店

六國酒店前身）。因戰事前途未卜，又感蔣介石的國民政府不可信賴，於是落寞迷惘，且孤身一人，「相當寂寞」。[13] 不時遙望對岸九龍的宋王臺，然後憂心忡忡，並賦詩兩首：

其一

十載一來復，兩番此地遊。

興亡增感慨，有責在肩頭。

其二

遙望宋皇臺，煙雲鬱不開。

臨風思北地，何事卻南來？[14]

宋王臺再次成為南來文人抒發國家情懷與自身況味的對象，同樣勾起郭沫若家國興亡之想。十年前其至香港，同樣遊過宋臺。然而轉眼十載，卻見中國情形未有改進，仍在混沌之間；再憶起宋、明史事，更深恐再重蹈覆轍：

宋皇臺不又成為了時代的象徵嗎？

我的古物學知識也曾經告訴過我，那三兩個堆積在一段高地上的龐大的頑石，說不定會是冰河時期的孑遺，其中包含有更豐富的科學的意義。然而它們所關聯著的一段歷史悲劇，卻沉重地壓抑著我。

歷史在它長期停滯的期間，就像流水離開了主流一樣，只是打迴漩。

宋朝在南邊攪完，明又到南邊來攪完，現在不又是明末宋末的時代了嗎？

衝破那種迴漩，不讓歷史重演，正是我們當今的急務。[15]

郭氏想到自己，猶如宋、明間逃往南方、意圖重振國家的志士。然而宋、明遺臣的嘗試均告失敗，仿如命運「洄漩」。為免再次失敗，於是勉勵自己，務必要避免歷史重演。不久郭沫若在皇后大道轉雪廠街的十字路口，碰見同樣流落香港的友人葉文津（1916-1980）及後來的妻子于立群（1916-1979）等人。受一眾黨友勸說下，郭沫若改變計劃，不往南洋而改為北上廣州辦報。在港之時，其開始與于氏相戀。[16] 巧合間香港還成就了郭沫若的愛情。

郭氏北上回國繼續奮戰，抗日及後也終於勝利，似乎不再重蹈宋、明舊事。然而國共再起衝突，外賊蕩平又起內鬥。種種談判不果，雙方終於在 1947 年 1 月全面開戰。國民政府隨即以中共為叛亂組織，處處封殺其據點與活動。於是香港以其英國屬土之身，成為中國土地上中共惟一可公開活動的地方。周恩來遂在同年 3 月指令各黨部設法與香港建立聯繫，並組織其他反蔣親共的民主黨派於香港聚集。同年 5 月，中共成立香港分局，以方方（1904-1971）任書記，尹林平（1908-1984）副署，並領導指揮中共於廣東、廣西、福建、江西、湖南、雲南及貴州，以及澳門與南洋的分支。黨中央調動了一眾文化人往香港分局工作，如報人章漢夫（1905-1972）、劇作家夏衍（1900-1995）、作家周而復（1914-2004）等。分局先後創辦（或復刊）了《正報》、《華商報》、《願望》及《群眾》週刊、《文匯報》等報刊，又建立（或重建）了虹虹歌詠團、中原劇藝社、中國歌舞劇藝社等文藝社團，並開辦（或復辦）了達德書院、香島中學、培僑中學、漢華中學等學校。[17] 文化工作為香港分局的一大重要任務。

1947 年 11 月，郭沫若亦跟隨中共的安排來港，以領導中國學術工作者協會以及中華全國文藝界協會香港分會。到埗後，郭氏入住九龍佐敦的山林道主持工作。周而復及後憶述，郭氏居所成為香港左翼文化圈

的「天官府」，為聚合各方文人的活動中心。[18] 此一眾文人在港馬不停蹄地寫文章、辦演講，一直致力於鼓動群眾支持中共，反抗國民政府。郭沫若亦幾乎每日寫作或出席講座，繼續以無黨派學者的身分為中共奔走呼號。自今日可見之郭氏在港的作品，可知其一直在高舉共產思想，並聲援中共，抨擊美國與國府。如 1948 年 1 月在香港《野草》叢刊發表的〈尾巴主義發凡〉，就力指知識分子要跟著「群眾的尾巴」：

> ……我今天要大聲地喊出：不要怕做尾巴！這，在我認為，對於目前的知識分子不失為一種對症的良藥。不要再蒙著頭腦妄想往上升，而是要放下決心往下爬。不要插上鸞鳳毛妄想當無兵司令而是應該穿上草鞋替工農大眾做一名小卒。打倒領袖慾望，建立尾巴主義！把一切妄自尊大，自私自利，上諂下驕的惡劣根性連根拔掉吧，心安理得地做一條人民大眾的尾巴或這尾巴上的光榮的尾。
>
> 尾巴主義萬歲！[19]

知識分子大都有種見識眼光高於大眾的自尊自豪，亦自詡為社會領袖，郭氏卻高呼要「做工農大眾的小卒」，「打倒領袖慾望」，將群眾的地位抬舉至高，貫徹列寧、毛澤東的共產主義思想中清掃貴族、精英與資產階級的路線。照此思路，文學自然也是政治的。郭氏另一篇在香港發佈的文章明確指出，文學也有其「統一戰線」，以在「人民文藝理論的堅強領導之下，發展進步勢力，爭取中間勢力，孤立頑固勢力」。而所謂「頑固勢力」，是「顯明的與隱蔽的一切敵人」。[20] 至於「敵人」，就是郭氏眼中的帝國主義及其操縱的國民政府。在其提到新文學的批評理論時，其謂：

我認為批評的態度應該嚴肅，堅決地站在人民立場，替目前有關人民生活的最大事件——解放戰爭，土地改革，反美帝，挖蔣根——忠誠服務。文藝應該服務於政治，批評應該領導文藝服務於政治。[21]

因此，所謂的文學批評，核心並不在於其藝術手法如何，而是內容如何，且更應該為當前的政治運動服務，以支援中共戰事，誅除帝國侵略，清剿蔣氏勢力。郭氏對於國民政府與自由派的抨擊，遂不遺餘力。其〈斥帝國臣僕兼及胡適〉一文怒罵道：

當前革命與反革命之爭，真正民國與帝國之爭，人民臣僕之爭。特所謂「中華帝國」者，實乃「中華美國」，尤可憫也。花旗勢力，駸駸可畏，才二、三年間，海陸空軍事基地已佈滿三分之二之國境。在此三分之二之區域中，不僅經濟、財政、軍事、政治悉聽美人指揮，即教育文化，一國之精神命脈所繫，亦仰鼻息於金髮碧眼之法利賽人，舉凡愛新覺羅、袁世凱輩之所不肯為，不敢為者，而今當局竟恬然悍然而為之。然則所謂「帝國之臣僕」者要不過臣僕之臣僕——奴才之奴才而已。[22]

郭沫若極力將國民政府貶低為美國等帝國勢力的傀儡，指責其為將國家盡獻予侵略者的奴才與賣國賊。其勾起大眾對於晚清以來列國野心與侵凌的記憶與傷痕，將蔣氏與滿清（愛新覺羅氏）和袁世凱相比，藉國民政府與美國的聯繫攻擊其為「帝國主義之奴才」。當然，中共自身亦深受另一帝國勢力蘇俄援助與影響的事實，郭氏自然就按下不表了。另外，親國民政府的文化巨子胡適，順理成章也在其攻擊之列：

胡適學無根底，僥倖成名，近二三年來更復大肆狂妄。蔣介石獨裁專擅，禍國殃民，而胡為之宣揚「憲法」，粉飾「民主」，集李斯、趙高、劉歆、揚雄之醜德於一身而恬不知恥。更復蠱惑青年，媚外取寵……平日蒙上「自由主義者」之假面具，高唱「理未易明，善未易察」之濫調，以鄉願賊德，毒害學生。[23]

郭氏對於同係文化圈中的胡適，言辭更為激憤。文中未有舉中多少事例根據，卻一以謾罵，政治宣傳的色彩甚濃。相類的文字，在郭氏於香港發表的文章中，俯拾皆是。正如參與編輯郭沫若香港文章彙編的鄧牛頓指出，郭氏在港寫就的文字，無一不是為了對國民政府戰爭的勝利。[24]此亦即是其人在港所肩負的任務。南來的一年間，郭沫若留下詩文政論超過八十篇，平均三數天即有新作完成，即全年都在寫作。[25]

當中間或有涉及本港時政的，亦與中國事務有關。1947年，港督葛量洪（Alexander W. G. H. Grantham, 1899-1978）不理國府反對，堅持清拆九龍寨城的民居，以整治九龍城區的治安與發展。寨城本為清廷駐九龍官署，中英雙方本於租借新界時同意保留由北京管轄以彰明中國對界限街以北的主權，但1899年英方卻強行趕走寨城駐員。此後英方憚於條文的約束，始終未有吞併城寨，卻造成了該地中、英、港三方都置之不理的「三不管」地帶。是次葛氏強行清拆寨城民居，等同將英方勢力伸延到城寨，於是引起國民政府強烈不滿。在1948年，更掀起中國各地的示威反抗，還有廣州英國領事館被焚的「沙面事件」。當時在港的郭沫若亦撰文抨擊，但矛頭卻是直指國民政府：

香港政府不採取正當的外交途徑，直接用武力行動，侵害中國主權，這是我們所百思不得其解的。中國人民已經不再是舊日的阿蒙了。

然而南京政府的無能和無恥，在這一次事件中卻表現了一個盡致。這樣一個小小的地方事件，都無法應付。而竟釀出了一個弄巧反拙的大失態。事前，既不能滿足人民的要求，事後又把責任胡亂推諉⋯⋯今天我們作為中國人民，最迫切的任務是加速使這個空前絕後的壞政府垮台，一切的國家權益才能夠得到基本的保障。[26]

寨城事件的始作俑者為港府，郭氏其時亦身在香港，但其歸結出當下「最迫切的任務」卻仍然是要加速國民政府的倒台，其政治目標十分明顯。此選擇自然與當時中共的外交方針一致。就在共軍戰事勢如破竹之際，中共始終未有藉此收回香港。1949 年 2 月，毛澤東曾向蘇聯政治局解釋，目前中國尚有半數領土都尚未攻克，若此時急於挑起香港及澳門問題，並非明智；相反應該利用兩地，尤其是香港，發展海外關係與進出口貿易。[27] 因此，中共一直對香港及英方避重就輕。即使於九龍寨城事件上，郭氏的抨擊重點也是國府而不是英國了。其文宣路向，實在係緊跟中央路線。儘管身在香港，郭沫若關注的，依然是中共的建國大業。

郭氏南來，目的不只是爭取港人對中共的同情與支持，更是藉香港的四通八達影響國外輿論。早在 1946 年，周恩來已向中共中央指出，香港的重要性不特對兩廣，更在於其與南洋及歐美的聯絡。[28] 郭沫若的文章，亦在向國外宣揚中共，支援共產戰線。如 1948 年 3 月，就寫就了〈申述「馬華化問題」的意見〉一文，在鼓勵馬來西亞華僑使用當地方言創作的同時，宣傳群眾路線的人民文學；[29] 7 月，與茅盾、薩空了等六十餘位左翼文人發聲明抗議泰國取締其國內的華人學校，聲援泰國華僑；8 月，又撰文〈向越南人民致敬〉，讚譽三年來越共對越南擺脫法國殖民的貢獻，及其共產主義實踐的成功，以「爭取建立中越人民之間的友誼」。[30] 凡此種種，都見郭氏的眼光，更藉香港而放諸南洋各國。事

實上，郭沫若更收到印尼華僑組織「泗水文化服務社」的來信與捐款支持。[31] 其為中共之以文字奔走呼喊至此。

郭沫若的香港感受

雖云郭氏為中共所安排而來，其在港亦處處為黨方謀算，然而遠道南來，不是沒有個人的感受。來港之初，郭氏就有訴說其南來心情：

> 我是十一月十四日離開上海的……住在上海，也就和十年前住在日本時一樣，一切自由都被剝奪。我只能卑鄙地在那兒呼吸著血腥的空氣。
>
> 當然，我還沒有被抓進集中營，那是法西斯統治者的狡猾……狡猾的統治者可以說：你看我是多麼寬大。觀望形勢者可以說：白色恐怖似乎並不多麼嚴重……
>
> 因此，我感覺著：我多留在上海一天，便對中國人民多犯了一天的罪。
>
> 因此我便決計離開上海。
>
> 我現在是非常愉快的，我已經由奴隸的屈服恢復到做人的尊嚴了。[32]

1947 年正值國共全面開戰之際，國府亦開始取締敵對勢力的報刊與組織。是年 11 月，反蔣自由派組成的中國民主同盟被南京定為非法，逼得此一眾人士與中共結盟。郭沫若正是在此背景下南來。因之其對威權政府的專橫係有深刻感受，其在英國殖民地的香港，避開了國民政府的逼迫，反而能感受自由的空氣，但覺「非常愉快」，「恢復人的尊嚴」。

事實上，郭氏自言，其亦是喜歡香港的：

我算是三次來過香港，恰巧是十年來十次；第一次是一九二七，第二次是一九三七，這一次是一九四七。

第一次是參加了南昌的八一革命，在汕頭失敗，由神泉乘船漂流而來。

第二次是上海成了孤島之後，從日寇的重圍中脫出。

這一次呢，我也同樣地獲得了再生之感。

偶然的巧合積上了三次了。量的塵積要起質變，偶然要成為必然。

再隔十年我必然要回來香港。

因為那時候的中國已經是人民的中國，而我這個中國的人民當然有絕對的旅行的自由了。[33]

此文刊於 1948 年 2 月，正值中共在內戰中勢如破竹，同月攻克遼陽。郭氏因之對於中國前景滿懷盼望，相信中國十年後已經是「人民的中國」，希望其時再南來訪港。十年後的 1958 年，雖然共產黨已成功擊敗國民黨，取得對大陸的統治權，郭氏亦已貴為全國人大常委會副委員長及中國科學院院長，但他當年想望的自由卻沒有達到，也沒有再來港。時年正值「大躍進」運動時期，郭氏也迫於形勢，寫詩歌頌黨的榮光：「感謝黨呵感謝黨，黨是不落的紅太陽。東風永把西風壓，社會主義放光芒。鼓足幹勁爭上游，多快好省建天堂。紅旗插遍全世界，紅旗插在山頂上。」[34] 然而他卻暗自與友人訴說道：

大躍進運動中處處放衛星、發喜報、搞獻禮，一哄而起又一哄而散，浮誇虛假的歪風邪氣氾濫成災⋯⋯上有好之，下必甚焉，不僅可

笑，而且可厭，假話、套話、空話是新文化的大敵，也是新社會的大敵。**35**

不久即是翻天覆地、遺禍深遠的「文化大革命」。毛澤東鼓動全國成千上萬的紅衛兵發起全面階級鬥爭，批鬥「反革命」分子，各式人物無論階層派別，動輒得咎。身處其時的郭沫若，也在 1966 年初「文革」未全面爆發之前，打算告老請辭，但為中共中央所挽留，並得毛澤東親自批示其不應在被批鬥之列，郭氏方勉強留任。不過在同年，其也公開演說，主動批判自己，為求表明心跡自保：

> 在一般朋友們、同志們看來，我是一個文化人，甚至於好些人都說我是一個作家，還是一個詩人，又是一個甚麼歷史學家。幾十年來，一直拿著筆桿子在寫東西，也翻譯了一些東西。按字數來講，恐怕有幾百萬字了。但是，拿今天的標準來講，我以前所寫的東西，嚴格地說，應該全部把它燒掉，沒有一點價值。主要原因是甚麼呢？就是沒有學好毛主席思想，沒有用毛主席思想來武裝自己，所以階級觀點有的時候很模糊。**36**

堂堂一位歷史與考古大家，民國以來名重一時的學人，甚至貴為人大常委會副委員長及中國科學院院長，迫於形勢也不惜急急將自己數十年來的百萬文字全盤否定，只因沒有「學好毛主席思想」，其內心的痛苦不言而喻。此一「焚書」之說亦震驚海內外學界，郭氏的日本友人紛紛致書郭氏慰問，蘇聯的學報亦有轉載消息。郭沫若惟有再另文解釋自己如何衷心要向毛澤東學習，與「深入地反省」。**37** 如此苦心，但仍不免在「文革」中受到波及。有人翻查郭氏文章，指其歷史劇《武則天》為此女

帝翻案，是美化帝王將相，偏離群眾路線；甚至有人異想天開地在其題簽的「海」字當中讀出「反毛澤東」四字，抨擊其心懷反叛，引來大批紅衛兵圍堵其家。[38] 群眾的盲動迫使毛澤東與周恩來開列了一份國家重要幹部的保護名單，郭氏因得毛氏信任而得在其中，名列宋慶齡之後，可見其苦心的自我批評也是有其作用的。[39] 不過其子卻無法倖免。1968年，郭氏之子世英（1942-1968），因為被發現五年前曾撰文同情修正主義，偏離毛氏路線而被批鬥，終於在不堪公審下自殺，年僅二十六歲。[40]

　　「文革」的創痛郭沫若自是有深刻理解。但為了求全，仍然繼續寫下不少極盡諂媚的文字。1976年，「文革」十年之際，郭氏亦寫詞一首〈水調歌頭·慶祝無產階級文化大革命十周年〉祝賀。然而五個月後，隨著毛澤東去世，「四人幫」倒台，中國政局丕變。郭沫若隨即以同一詞牌，寫出另一首詞〈水調歌頭·粉碎四人幫〉為之額手稱慶。郭氏以其奉承詩文，成為少數能捱過「文革」的學人，並在1978年壽終，但就引來身後不少罵名。林語堂即批評其文字，係「集天下肉麻之大成」，盡損學者應有之風骨與斯文。[41] 不過，郭氏的悲哀亦係中國大陸整整一代知識分子之悲哀。而觀其一生，既生於晚清國勢破敗之時，民國後因左傾亦受盡右派與國民政府的打壓而四出逃亡，中共建元後卻又在種種政治運動下歷盡折磨。在香港短短一年，已是其一生中少有感覺愉快與自由的時光。

參考資料及延伸閱讀

江關生：《中共在香港》（香港：天地圖書，2011）。

上海圖書館及復旦大學分校中文系合編：《迎接新中國：郭沫若香港戰鬥時期佚文》（上海：復旦學報〔社會科學版〕編輯部，1979）。

馮錫剛：《郭沫若的晚年歲月》（北京：中央文獻出版社，2004）。

註 釋

1　江關生：《中共在香港》（香港：天地圖書，2011），上冊，頁 32-36；頁 137-143。

2　龔繼民、方仁念：《郭沫若年譜》（天津：天津人民出版社，1992），頁 1、5。

3　同上，頁 35。

4　同上，頁 63-71。

5　祝寬：《五四新詩史》（西安：陝西師範大學出版社，1987），第八章，〈現代中國詩歌的奠基者 —— 郭沫若〉，頁 369-377。

6　郭沫若：〈文學與革命〉，載氏著：《沫若文集》（北京：人民文學出版社，1959），第十卷，頁 322-323。

7　龔繼民、方仁念：《郭沫若年譜》，頁 175；頁 184-185。

8　吳奚如：〈郭沫若同志和黨的關係〉，《新文學史料》，1980 年第 2 期，頁 130。

9　有關郭沫若由文藝往學術研究的轉向，逯耀東與余英時認為是要發展馬克思學派的中國史觀點以打倒自由派的胡適，而潘光哲也認為其在日的學術著作背後都有強烈的政治表述，以史學論證馬克思主義適合中國。見氏著：〈郭沫若治古史的現實意涵〉，《廿一世紀》，1995 年 6 月第 29 期，頁 84-90。

10　董作賓：《中國古代文化的認識》（台北：大陸雜誌社，1952），頁 8。

11　潘光哲：〈知識場域的桂冠：從第一屆中研院院士的選舉談起〉，載氏著：《天方夜譚中研院：現代學術社群史話》（台北：秀威出版社，2008），頁 67。

12　龔繼民、方仁念：《郭沫若年譜》，頁 214-215。

13　郭沫若：《洪波曲》（北京：人民文學出版社，1979），頁 4。

14 同上，頁 5。

15 同上，頁 6。

16 龔繼民、方仁念：《郭沫若年譜》，頁 370。

17 江關生：《中共在香港》，上冊，頁 205-207。

18 周而復：〈懷緬郭老〉，《新文學史料》，1980 年第 2 期，頁 10。

19 郭沫若：〈尾巴主義發凡〉，載上海圖書館及復旦大學分校中文系合編：《迎接
    新中國：郭沫若香港戰鬥時期佚文》（上海：復旦學報〔社會科學版〕編輯部，
    1979），頁 2。

20 郭沫若：〈當前文學的諸問題〉，同上，頁 23。

21 同上，頁 21-22。

22 郭沫若：〈斥帝國臣僕兼及胡適〉，同上，頁 27-28。

23 同上，頁 29。

24 鄧牛頓：〈一切為了前線的勝利〉，同上，頁 192。

25 有關郭氏在港期間的著作考述，參張勇：〈1948 年郭沫若香港期間創作的收錄與
    散佚考釋〉，《魯迅研究月刊》，2013 年第 8 期，頁 68-77。

26 郭沫若：《對九龍城事件之意見》，載上海圖書館等編：《迎接新中國：郭沫若香港
    戰鬥時期佚文》，頁 14。

27 江關生：《中共在香港》，上冊，頁 48。

28 同上，頁 206。

29 郭沫若：〈申述「馬華化問題」的意見〉，載上海圖書館等編：《迎接新中國：郭沫
    若香港戰鬥時期佚文》，頁 64-66。

30 龔繼民、方仁念：《郭沫若年譜》，頁 741。

31 郭沫若：〈斥帝國臣僕兼及胡適〉，載上海圖書館等編：《迎接新中國：郭沫若香港
    戰鬥時期佚文》，頁 27。

32   郭沫若：〈我為甚麼離開上海〉，同上，頁 13。

33   郭沫若：〈十載一來復〉，同上，頁 31。

34   郭沫若：〈太陽問答〉，載氏著：《長春集》（北京：人民日報出版社，1959），頁 123。

35   〈郭沫若致陳明遠信〉，1963 年 11 月 14 日，載黃淳浩編：《郭沫若書信集》（北京：中國社會科學出版社，1992），下冊，頁 144。

36   馮錫剛：《郭沫若的晚年歲月》（北京：中央文獻出版社，2004），頁 19-36。

37   同上，頁 37-48。

38   同上，頁 105-106。

39   同上，頁 110。

40   同上，頁 181-187。

41   林語堂：《無所不談》（台北：開明書店，1974），頁 693。

陳寅恪

——託命香港的風骨學者

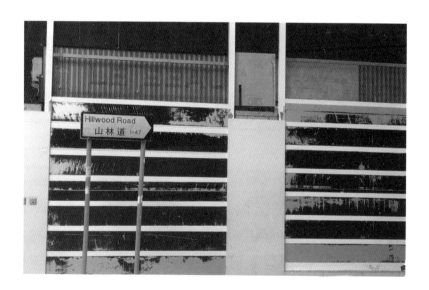

陳寅恪曾居於尖沙咀山林道

香港以其英治身分，一直以來得免受種種中國戰亂影響，而獨有發展，此在抗戰之際尤顯珍貴。1937 年日本全面侵華以來，華北、華東與華南各地迅即淪陷，然而由於英日關係尚能維持，香港反得以在初期免於戰禍，一時成為中國大地上難得的安全港。一批學者亦相繼南來，如曾任北京大學校長、「五四運動」間名動中外的蔡元培（1868-1940）即在此際南逃，最後更在本港辭世，葬於香港仔華人永遠墳場。另外來港者尚有近代中國史學代表人物之一陳寅恪。其在港日子雖然困窘痛苦，充滿無奈，但畢竟係其得以在戰爭之際一時託身安頓之地，不少重要著作亦在港完成。其與家眷留港時間雖短，斷續不過四年，卻同樣值得關注。

陳寅恪的家世與學術生涯

陳寅恪（1890-1969），字鶴壽，江西修水人，生於湖南長沙。其系出名門，祖父陳寶箴（1831-1900）為晚清改革派重臣，文武兼備，參與平定太平天國之亂與貴州苗變；官拜湖南巡撫，又開電信，置小輪，建槍彈廠，又延用梁啟超主持學堂，開全國風氣之先。然亦因親近維新派，終受戊戌政變失敗波及而被罷免，後憂憤而死。[1]寅恪之父三立（1853-1937），於是避開官場，致力詩文學術，尤以詩才成為晚清同光體詩派的領袖。[2]在此家世之下，陳寅恪之舊學湛深，亦同時開放於新潮知識。其父就一直鼓勵子侄放洋留學，舉業從輕。[3]寅恪在年僅十四歲即隨兄長留學日本，雖然翌年因足疾被迫回國，轉讀上海的復旦公學，然而痊癒後在 1910 年又考得官費到德國的柏林洪堡大學（Humboldt-Universität zu Berlin）、瑞士蘇黎世大學（Universität Zürich）及法國的巴黎政治學院（Institut d'Études Politiques de Paris）留學。但 1914 年因第一次世界大戰爆發，又短暫回國。期間在父輩引介下曾在北京任蔡鍔

（1882-1916）的秘書。[4]1918 年又考得官費留學，以柏林大學學生的身分負笈美國的哈佛大學，在研究院修讀歷史，並學習梵文與古代印度語言巴利文。1921 年，又回到洪堡大學，在讀四年，尤主攻蒙古文與各中亞語言如藏文、波斯文及突厥文等。[5]在十餘年的留學生涯期間，陳氏廣泛修習歐美與中亞的歷史與語言，亦視野大開，令其得以引用各種中國少有認識的語文研究學術，為日後的發展奠下重要根基。[6]

　　在美國留學時，陳氏已為友儕所賞識。同時就讀哈佛的吳宓（1894-1978）就稱讚其謂：「合中西新舊各種學問而統論之，吾必以寅恪為全中國最博學之人。」[7]因此及後吳氏回國，輾轉出任清華學校研究院籌備主任，即力薦陳氏出任國學導師，其遂與梁啟超、王國維、趙元任同於清華國學院任教，以其廣博之中亞語言主講佛學翻譯與魏晉隋唐歷史。後來國學院因梁、王二人相繼去世，未能尋適合教員而停辦，陳氏又為中文及歷史系合聘，前後於清華園教研十年。因其學力淵博淳厚，在清華時已廣為各方推重。胡適曾言：「寅恪治史學，當然是今日最淵博、最有見識，最能用材料的人。」[8]日本史學大家白鳥庫吉（1865-1942）曾就中亞問題請教德奧學者都未得答案，柏林大學方面轉介其往陳氏，而得滿意答覆，足見陳氏之聲名遠播。1930 年起，又兼任中央研究院理事、歷史語言研究所第一組主任、故宮博物院理事等等，已是中國史學界的中堅。[9]陳氏於清華之十年完成論文及序跋超過五十篇，不少日後發表的論著都在此間完成，為其十分重要的學術累積階段。然而好景不常，1937 年中日戰起，清華大學等華北各高等學府向南撤退，陳氏亦開始其流離西南與香港的歷程。

日據時期的九龍（劉潤和、高添強提供）

陳寅恪的香港因緣

　　日軍侵迫之年於陳氏之影響極大。同年其父三立，正因此憂憤不食而死；陳氏正巧亦因眼部過勞，近視過深，右眼視網膜脫落而喪一目。[10]1937年陳氏隨同清華大學南逃至湖南長沙，短暫復課一學期後由於日軍襲來，各方即又分頭撤退。1938年1月，陳寅恪與其家眷遂逃難香港。本欲在港等候通關護照，停留一月左右再北上西南，繼續清華的教學職務及事業。[11]然而陳妻唐篔又因在港心臟病患發作，無法跟隨寅恪，惟有留港護養，陳氏三個女兒亦隨母親居港，寅恪在安頓好妻女後隻身北赴雲南。其時流亡西南的清華大學、北京大學、南開大學等聯合辦學以維持戰時的學術與教育，建立了西南聯合大學。陳氏此去亦投入其中。[12]陳家初至香港，得時任香港大學中文學院主任的許地山夫婦接濟，並安置住在就近港大的羅便臣道104號地下室。然而由於戰爭下中國通貨膨脹，陳氏的薪金折算港幣下難敷其家人的在港開銷，於是改搬往租金便宜得多的九龍城，住於福佬村道11號3樓，與另一同樣流移香港的政治學者沈乃正一家合住，以分擔租金。[13]期間中港金融亦一度中斷，清華大學發給陳氏的薪金亦未能匯款至港，要請託蕭公權南來香港時交予陳氏家眷。[14]陳氏一家生活相當困苦，物質匱乏又分隔兩地。是年七夕，陳寅恪一人在雲南蒙自工作，但感孤寂不已，而詩〈戊寅蒙自七夕〉曰：

> 銀漢橫窗照客愁，涼宵無睡思悠悠。
> 人間從古傷離別，真信人間不自由。[15]

　　陳氏漂泊哀愁，夜半無眠，但看橫窗星海，思念家人，傷人間離

別，深覺人生果然有不少無奈。此一首後寄送至是時在港養病的妻子唐
篔處，唐氏於是賦另一詩〈和寅恪雲南蒙自七夕韻　時篔寄寓九龍宋王
臺〉回應道：

獨步臺邊惹客愁，國危家散恨悠悠。

秋星若隨興亡意，應解人間不自由。[16]

在數千里之外的宋王臺邊，陳妻同樣覺漂泊之苦，「國危家散」之
愁，無奈之際，但怨秋星不解人間痛楚。夫妻二人，港滇之間，惟以詩
文互訴心聲。

1939 年的連串事件與意外又令陳氏進一步滯留香港。是年中英文化
協會（即今日英國文化協會的前身，英文正式名稱同為 British Council）
為推廣中英合作，擬邀請一中國學者前往牛津講學。此舉得中方外交部
大力支持，及後更選派了陳寅恪前往。然而陳氏妻子病重，本不欲往，
因而兩度推卻，但因中國駐英大使郭泰祺（1888-1952）大力鼓勵於是答
應。及後因為陳氏急需藥費，甚至已預調英方支付此趟講學之旅費以為
家用，因此更不得不行。[17] 不過同年歐戰爆發，惟有延遲赴英，翌年更
改變計劃，轉而請陳寅恪到香港大學任教。陳氏與家人得以暫時在香港
團圓。

陳寅恪與香港大學

1940 年 8 月，港大延請陳氏為客座教授（Visiting Professor），任期
一年，以向清華大學休假一年之形式聘任。[18] 雖然月薪本為港幣五百元，
但由於其時折合國幣甚多，原負責陳氏薪資的庚款委員會無力支付，於

是只有三百。且由於戰事持續惡化，通脹繼續飆升，物價比去年高近一倍，陳氏家眷在港生活仍未有改善。不僅花盡月入都幾無有肉食，惟有吃蛋。[19] 且此時在妻子以外，陳氏亦覺心律不正，發心臟之疾。[20] 二人同時患病卻無力同時就醫，只得輪流看診，以致夫婦病患時有發作。[21] 為避免上山於心臟不利，且方便買物，遂不得住港大之宿舍；而為得便宜租金，就惟有繼續住於九龍。[22] 當時住在太子道 369 號之三樓。[23] 據陳氏之女後來憶述，當時由陳氏太子道之家往港大工作，需於巴士外再轉小輪，耗費兩小時，十分不便。[24] 儘管香港之生活困難，但陳寅恪當時已無他處可去。一方面香港雖物價高昂，但至少仍比上海便宜；另外當時滇越通道又被日軍截斷，陳氏一時已無計可回西南聯大，且妻子身體亦未合遷居。[25] 種種因素之下，陳氏惟有繼續留港，時時感到進退維谷。[26]

不過，即使在港生活並不容易，陳寅恪仍在艱難之下戮力於學術工作。其在港大開課主講唐代的歷史文化，上學期講唐史，下學期講唐代文學。[27] 又不時辦公眾講座，如 1940 年 10 月講武則天與佛教；[28] 11 月講唐代長詩《秦婦吟》；[29] 翌年 1 月則講白居易詩。[30] 當時的香港報章也有報導。又可幸港大之常規工作不多，每周教學不過兩小時，加上假期亦多，陳氏仍得以在空餘間沉澱著述。[31] 於是 1940-1941 年間，陳寅恪將上課講稿雜以過去的研究論文，整理成七八萬言的專著《唐代政治史略》付梓；[32] 又考證兩部唐代小說《會真記》與《東城老父傳》成一二萬言。[33] 正如周佳榮所指，此書為陳寅恪的代表作，對於唐史研究甚具啟發。香港在動亂時代為其提供了短暫的研究空間，使他得以完成此等巨著。此雖偶然，卻亦係與香港的一點緣分。[34] 再有巧合的是，本為香港大學中文學院之主任許地山於 1941 年辭世，是時在港的陳寅恪便獲延聘繼任其職，陳氏於香港的日子又一再延長。[35] 在此之前，庚款委員會本已無資財可令陳氏於香港續約，陳家本已打算取道剛剛開通的廣州陸路北上

回國。[36]

　　但繼任不久，又起波瀾，日軍於 1941 年底攻陷香港。香港大學立時停止運作，港九交通是亦停頓，陳氏於是惟有賦閒在家。日據時期，其生活自然比之前更困苦。數月不止無肉食，一家更從未食飽；鴨蛋亦視為奇珍，要五人共食一顆。在戰爭逃離的恐懼之間，更二月未曾脫鞋就寢，夜眠亦也難安。然而陳氏自言，令其最痛苦尚未係物質的貧乏，而係精神折磨。日督一方曾斥資二十萬軍票約四十萬港元（即其港大月薪之千餘倍）予陳，令其為日府組織親日之東亞學院。又動員其舊生，以數千月薪誘其往淪陷區工作投日。凡此種種，陳寅恪一概拒絕。[37] 然而其既稱之為「精神折磨」，即陳氏在物質奇缺之生活底下，巨額的勸降確乎係強烈的誘惑，而拒絕實亦帶著痛苦。當然此一切也是人之常情，不過陳寅恪確也貫徹始終，而且小心翼翼。據其女日後回憶，日據香港期間，曾有不明來歷的麵粉致送陳宅門前。既是匿名，在一家飢寒下取之煮食亦未為不可，然而為怕係敵人之引誘伎倆，其依然不受，反將之分送鄰人。[38] 陳氏到底秉承於國家之忠義如此。也是因為其始終不向日方投誠，不久國民政府方面派員拯救港方重要的政商學界人物，陳寅恪就名列其中，並於 1942 年一家都得以回到雲南。陳氏與香港之因緣就此告終。

陳寅恪的香港情誼

　　陳寅恪原無意來港，最初南來只為一時逃亡，本只計劃滯留一月，其後之一再延滯只係意外。且期間苦於戰爭通脹，生活困迫，常入不敷支；再歷經日軍統治，更是水深火熱。所寫就的文字均為其中古史之研究作品。據今日可考，尚未見陳氏詠寫香港之詩文。且正如陳懷宇所指，雖然陳寅恪出身於傳統官宦之家，但年少時一直留學在外，十餘年

間養成博通中西的新式學問，已不是舊式的儒者，而係現代的學人。陳氏與其他同時期的歸國知識分子全然不同，絕少發表時政議論，而是忠實於學術。[39] 即使其歷史研究，亦刻意避開清代，因為免於其個人情感左右其中。[40] 如此純粹的學人性格，更是難見其公開評斷香港的情形。事實上，即使在日軍據港之時，陳氏所用力仍在於其研究工作上，重新校讀《新唐書》；而在家用拮据之際，仍購買新一套南宋李心傳（1167-1244）的宋史名著《建炎以來繫年要錄》來仔細閱讀。[41] 陳寅恪當然不是活在象牙塔內的「離地」學究。其對於學術之執著，也成就其學人之風骨，於是面對侵略者之誘惑仍能堅守不降，實在高風亮節。其私下詩作，也顯現其深深的國家情懷。而其在香港時的種種感受，亦由詩文中透露出來。

1939 年秋，陳氏的〈己卯秋發香港重返昆明有作〉謂：

> 暫歸恩別意如何，三月昏昏似夢過。
>
> 殘賸河山行旅倦，亂離骨肉病愁多。
>
> 狐狸埋掘摧亡國，雞犬飛昇送逝波。
>
> 人事已窮天更遠，只餘未死一悲歌。[42]

此詩不記於舊本陳寅恪詩存，卻錄自吳宓之日記。據吳氏謂，陳氏寫詩多寄予他一份分享，故其日記收入不少陳氏詩作。上引詩文，寫於陳寅恪將家眷留在香港，自己隻身北上雲南蒙自開課之際。既有課業在身，就只有暑假能回港一聚天倫。然而息間暫歸，又匆匆別離，忙亂昏沉之間仿似夢過。行旅途上見戰手摧殘過後仍可觀的壯闊山河，卻但覺羈旅疲憊，也傷感骨肉分離，自身與家人亦病患坎坷。又回想國事，大敵當前卻忠良盡去，「雞犬飛昇」。陳氏所指並不明確，吳宓日記中也未有註明，但明顯其對中國的抗戰前景有不少擔憂，「人事已窮天更遠」。

無論自身、家事或國事的愁緒滿懷，其人低落至極，「只餘未死一悲歌」。可見其在香港期間，實在痛苦。

　　1941 年香港陷落之後，陳寅恪被迫在家賦閒。其如前述，雖仍力於研究，校讀《新唐書》與細讀《建炎以來繫年要錄》，但其人實不免記掛國事。其〈香港壬午元旦對盆花感賦〉寫道：

> 憔悴盆花也自開，病夫相對久徘徊。
> 雲昏霧濕春仍好，金蹶元興夢未回。
> 乞米至今餘斷帖，埋名從古是奇才。
> 劫灰滿眼堪愁絕，坐守寒灰更可哀。[43]

　　身陷香港的陳氏，孤苦無助，憔悴難堪，只有與同是病患的妻子相對徘徊，且埋名隱居。眼前雖然春色仍好，但國家之淪陷，復興無期；自己坐困愁城，又無希望可言。此中寒灰，哀之又哀。陳寅恪的在港歲月，實難言快慰。及後得國民政府營救逃離之後，其不禁慨嘆係九死一生。其〈壬午五月發香港至廣州灣舟中作　用義山無題韻〉曰：

> 萬國兵戈一葉舟，故邱歸死不夷猶。
> 袖間縮手嗟空老，紙上刳肝或少留。
> 此日中原真一髮，當時遺恨已千秋。
> 讀書久識人生苦，未得崩離早白頭。[44]

　　在世界大戰，萬國兵戈之下，其人與家眷乘一葉扁舟幸得回國，猶如千鈞一髮般驚險。人生之苦於是深刻感受，還未歸老已白頭。不過，1942 年對日抗戰仍處膠著，日軍更在緬甸擊敗英軍，迂迴至中國戰線的

後方，一度連雲貴等西南一隅亦岌岌可危。此時忽而又回想起舊日在香江的日子，竟然也有幾分安樂：

> 香江乞巧上高樓，瓜果紛陳伴粵謳。
> 羿殼舊遊餘斷夢，雁山佳節又清秋。
> 已涼天氣沉沉睡，欲曙星河淡淡收。
> 不是世間兒女意，國門生入有新愁。[45]

陳氏回想起一次乞巧七夕之時，於香港登上高樓，享瓜果紛陳，又吟唱粵語歌，好不快樂。如今想來已像殘夢。國事昏沉無起色，事與願違，新愁不斷。事實上，即使在港時生活困苦，但畢竟可一時免於戰爭來襲之痛。陳寅恪曾向陳君葆謂，香港畢竟係其數年託命之所：

> 早上接到寅恪先生給我和季明的信，說他日間要從廣州灣歸鄉，過海後或到馮平山和中文學院作最後一眺望，並謂「數年來託命之所，今生死無重見之緣，李義山詩云，他生未卜此生休，言之淒哽」。我當時讀到此，不忍再讀下去。[46]

其在離港之前，仍希望到香港大學的馮平山圖書館與中文學院作最後眺望，可見其始終對香港抱有感情。數年來在港清苦之餘亦可一時託身歸命。戰亂之際，每一離開都未知是否永別，正是抱著此「他生未卜此生休」的不安，陳寅恪餞別香港。香港也在其心中，有著某種位置。

參考資料及延伸閱讀

岳南：《陳寅恪與傅斯年》（台北：遠流出版公司，2009）。

汪榮祖：《史家陳寅恪傳》（台北：聯經出版公司，1997）。

陳懷宇：《在西方發現陳寅恪：中國近代人文學的東方學與西學背景》（北京：北京師範大學出版社，2013）。

註 釋

1 趙爾巽等：《清史稿》（北京：中華書局，1976-1977），卷 464，〈陳寶箴傳〉，頁 12741-12742。

2 汪榮祖：《史家陳寅恪傳》（台北：聯經出版公司，1997），頁 17-19。

3 同上，頁 19。

4 同上，頁 29-43。

5 陳懷宇：《在西方發現陳寅恪：中國近代人文學的東方學與西學背景》（北京：北京師範大學出版社，2013），頁 21-22；頁 26。

6 據陳懷宇研究，陳寅恪在海外留學之時雖然亦得老師賞識，也必然是其學術累積的重要階段，但相對其他同時出國的中國學生而言並不顯眼。如當時亦留學哈佛的吳宓與趙元任，均取得校方的獎學金或論文獎，但陳氏卻沒有。見同上，頁 43-52。

7 同上，頁 43。

8 《胡適日記》，1937 年 2 月 22 日條，頁 539，轉引自卞僧慧編：《陳寅恪先生年譜長編初稿》（北京：中華書局，2010），頁 183。

9 汪榮祖：《史家陳寅恪傳》，頁 57-73。

10 卞僧慧編：《陳寅恪先生年譜長編初稿》，頁 186。

11 陳寅恪：〈致陳述書〉（十），1938 年 3 月 20 日，載陳延美編：《陳寅恪集：書信集》，《陳寅恪全集》（北京：生活・讀書・新知三聯書店，2001），頁 186。

12 蔣天樞：《陳寅恪先生編年事輯》（上海：上海古籍出版社，1997），頁 115。

13 卞僧慧編：《陳寅恪先生年譜長編初稿》，頁 183。

14 同上，頁 188。

15 陳寅恪：〈戊寅蒙自七夕〉，載陳延美編：《陳寅恪集：詩集》，頁 25。

16 唐篔：〈和寅恪雲南蒙自七夕韻　時篔寄寓九龍宋王臺〉，同上，頁 26。

17 陳寅恪：〈致梅貽琦書〉（五），1939 年 6 月 1 日，載陳延美編：《陳寅恪集：書信集》，頁 151-153；〈致傅斯年書〉（三十八），同前，頁 62-63。

18 卞僧慧編：《陳寅恪先生年譜長編初稿》，頁 201-202。

19 陳寅恪：〈致傅斯年書〉（四十二），1940 年 8 月 28 日，載陳延美編：《陳寅恪集：書信集》，頁 69-70。

20 陳寅恪：〈致傅斯年書〉（三十九），1940 年 2 月 26 日，同上，頁 64。

21 陳寅恪：〈致傅斯年書〉（四十三），1941 年 2 月 12 日，同上，頁 73。

22 陳寅恪：〈致傅斯年書〉（四十二），1940 年 8 月 28 日，同上，頁 69。

23 陳寅恪：〈致傅斯年書〉（四十六），1941 年 2 月 28 日，同上，頁 75-76。

24 卞僧慧編：《陳寅恪先生年譜長編初稿》，頁 209。

25 陳寅恪：〈致傅斯年書〉（四十二），1940 年 8 月 28 日，載陳延美編：《陳寅恪集：書信集》，頁 69-70。

26 陳寅恪：〈致楊樹達書〉（二），1940 年 8 月 2 日，同上，頁 175。

27 陳寅恪：〈致傅斯年書〉（四十五），1941 年 2 月 13 日，同上，頁 74。

28 卞僧慧編：《陳寅恪先生年譜長編初稿》，頁 203。

29 〈秦婦吟之研究　陳寅恪今晚演講〉，《華字日報》，1940 年 11 月 8 日，頁 8。

30 〈陳寅恪演講〉，《大公報》，1941 年 1 月 7 日，頁 6。

31 陳寅恪：〈致傅斯年書〉（四十五），1941 年 2 月 13 日，頁 74。

32 卞僧慧編：《陳寅恪先生年譜長編初稿》，頁 203。

33 同上，頁 204。

34 周佳榮：〈從《陳君葆日記》看陳寅恪在香港期間的活動〉，《當代史學》，第 5 卷第 1 期（2002 年 3 月），http://histweb.hkbu.edu.hk/contemporary/jourvol5_3/jourvol5_3main.htm（訪問日期：2016 年 8 月 10 日）。

35 卞僧慧編：《陳寅恪先生年譜長編初稿》，頁 205。

36 陳寅恪：〈致傅斯年書〉（四十七），1941 年 8 月 26 日，載陳延美編：《陳寅恪集：書信集》，頁 77-78。

37 陳寅恪：〈致傅斯年書〉（五十一），1942 年 6 月 19 日，同上，頁 84-86。

38 卞僧慧編：《陳寅恪先生年譜長編初稿》，頁 208。

39 陳懷宇：《在西方發現陳寅恪：中國近代人文學的東方學與西學背景》，頁 1-17。

40 汪榮祖：《史家陳寅恪傳》，頁 89。

41 卞僧慧編：《陳寅恪先生年譜長編初稿》，頁 207。

42 陳寅恪：〈己卯秋發香港重返昆明有作〉，載陳延美編：《陳寅恪集：詩集》，頁 28。

43 陳寅恪：〈香港壬午元旦對盆花感賦〉，同上，頁 31。

44 陳寅恪：〈壬午五月發香港至廣州灣舟中作　用義山無題韻〉，同上，頁 32。

45 陳寅恪：〈壬午桂林雁山七夕〉，同上，頁 34。

46 卞僧慧編：《陳寅恪先生年譜長編初稿》，頁 215。

張愛玲

——書寫香港傳奇的上海作家

文學院所在的香港大學本部大樓

本作系列探討的各種南來知識群體，或革命志士、或前朝遺臣、或畫家學者，俱已如前述。然而，首先留意到香港的南來文人現象並仔細鑽研的，本係文學界。早在 1980 年代，盧瑋鑾已率先關注中國抗戰期間流移香港的北方作家，並掀起了學界研究南來文藝的熱潮。[1] 本書最後自然亦無法忽略其眾，選擇了張愛玲此一在近當代華文文壇光芒四射的作家以為管窺。

張愛玲的跌宕家世

張愛玲（1920-1995），夏志清譽之為當代中國最重要最優秀的作家。[2] 其出生於上海租界的官宦名流家庭，祖父張佩綸（1848-1903）為清末名臣李鴻章之長女婿，曾任福建船政大臣；母親黃氏為長江水師提督黃翼升（1818-1894）之孫，繼母則係袁世凱內閣之國務院總理孫寶琦（1867-1931）的七女。然而父親張志沂（1896-1953）為紈絝子弟，由於分得豐厚家財而不事生產，雖曾擔任天津鐵路局英文秘書，但卻因堂兄張志譚被免去交通部長一職，失卻靠山而無法續任。後來又曾與友人合資錢莊，但也因經營不善與二戰後的通貨膨脹而失敗，在憂懷中過世。[3] 張愛玲筆下的小說總是以家道中落的大族富戶為背景，大抵都係其自身家族的寫照。張氏既出身於名宦之家，同時亦得以早早接觸西洋文化。其本名煐，但就在 1930 年報讀美國聖公會於上海的聖瑪利亞女校（St. Mary's Hall）時，母親以其英文名 "Eileen" 音譯作「愛玲」為名，遂以此名行。[4]

張氏天生對文藝有濃厚興趣，自言七歲時就已擬想一部以隋唐時代為背景的家庭故事。[5] 年十二及十三歲，並在校刊創作第一篇小說《不幸的她》與散文〈遲暮〉。翌年又以《紅樓夢》的人物及模仿其文字試

著將之重寫為現代小說，名為《摩登紅樓夢》。[6] 雖未有真正完成，但加上前述種種已充分表現其對小說創作的興趣，以及對於中國傳統文學的涉獵。貫通中西的學養及其天賦，使張氏得以渾灑流麗的文字，日後在文壇聲名鵲起。在中學階段，其一直都活躍於校刊，持續發展創作意念與興趣。但與此同時，張氏的家庭生活並不美滿，父親終日無所事事，沉迷鴉片；年十歲父母離異，而繼母孫氏經常向其施以虐打，十七歲時乃不禁離家出走投靠生母黃氏，但立時痛失經濟資源而深感落魄。[7]1939年，張本順利以遠東地區第一名考入倫敦大學，然而同年歐戰爆發，於是未能成行，並改為住讀香港大學，開始了其與香港的種種緣分。[8]

張愛玲的香港因緣

　　張愛玲入讀香港大學文學院，並入住位於寶珊道 8 號的女生宿舍聖母堂（Our Lady's Hall）。張氏於港大相當勤奮，獲得了何福（Ho Fook）及另一獎學金（Nemazee Donor Scholarship）的資助。[9] 不過本科尚未完成，1941 年日軍即侵略香港，中斷了其大學生活。香港開戰時，因港大停止辦公，張愛玲曾為解決膳宿問題而與同學報名成為防空員。但在熟習防空洞工作之前，日本已完全佔領香港而戰事結束。[10] 在此戰爭之際，其人卻與同學在城中自顧耍樂。據日後其追憶當時見聞的〈燼餘錄〉寫道：

> 我們大多數的學生對於戰爭所抱的態度，可以打個譬喻，是像一個人坐在硬板凳上打瞌睡，雖然不舒服，而且沒結沒完地抱怨著，到底還是睡著了。能夠不理會的，我們一概不理會。出生入死，沉浮於最富色彩的經驗中，我們還是我們，一塵不染，維持著素日的生活典型……

文學院所在的香港大學本部大樓

我記得香港陷落後我們怎樣滿街的找尋冰淇淋和嘴唇膏。我們撞進每一家吃食店去問可有冰淇淋。只有一家答應說明天下午或許有，於是我們第二天步行十來里路去踐約，吃到一盤昂貴的冰淇淋，裏面吱格吱格全是冰屑子。街上擺滿了攤子，賣胭脂、西藥、罐頭牛羊肉，搶來的西裝、絨線衫，素絲窗簾，雕花玻璃器皿，整匹的呢絨。我們天天上城買東西，名為買，其實不過是看看而已。從那時候起我學會了怎樣以買東西當作一件消遣。[11]

　　戰爭來襲，城市傾覆，張氏和一眾同學卻依舊「一塵不染」，忙著找尋雪糕和唇膏，以及享受各種「購物」的樂趣。戰爭只是「打瞌睡」時的一點干擾，學生仍然一貫地不理世事，從中作樂。與其同一時期的中國文人作家，大都紛紛以文字鼓動國民，聲援抗戰；張愛玲顯然與時代格格不入，甚至於國家人民都冷酷無情。然而此態度即成就張愛玲後來作品的一貫風格。儘管處於中國抗戰的空前痛苦之中，但張氏從不描寫戰爭慘況，從未表達對國民的同情，更沒有鞭撻日本的侵略，只工於描寫沒落家世的男女情感，一直在文學界引起極大爭議，對此後文將會詳述。不過，以張氏敏銳的作家觸感，也不是毫無感受，而是有各種領悟。城中作樂不是其經驗的全部。如在英軍尚與日軍爭持之時，其也不免感覺絕望：

　　圍城的十八天裏，誰都有那種清晨四點鐘的難挨的感覺——寒噤的黎明，甚麼都是模糊、瑟縮、靠不住。回不了家，等回去了，也許家已經不存在了。房子可以毀掉，錢轉眼可以成廢紙，人可以死，自己更是朝不保暮。像唐詩上的「淒淒去親愛，泛泛人煙霧」，可是那到底不像這裏的無牽無掛的虛空與絕望。[12]

戰爭之下萬物摧枯拉朽，無論人事或錢財都朝不保夕；如此的極端動盪仍然深深觸動張氏。此外，其甚至由男女之間體悟到人類文明的脆弱：

　　　　那一冬天，我們總算吃夠了苦，比較知道輕重了。可是「輕重」這兩個字，也難講……去掉了一切的浮文，剩下的仿佛只有飲食男女這兩項。人類的文明努力要想跳出單純的獸性生活的圈子，幾千年來的努力竟是枉費精神麼？事實是如此。香港的外埠學生困在那裏沒事做，成天就只買菜、燒菜、調情──不是普通的學生式的調情，溫和而帶一點感傷氣息的。在戰後的宿舍裏，男學生躺在女朋友的床上玩紙牌一直到夜深。第二天一早，她還沒起床，他又來了，坐在床沿上。隔壁便聽見她嬌滴滴叫喊：「不行！不嗎！不，我不！」一直到她穿衣下床為止。這一類的現象給人不同的反應作用──會使人悚然回到孔子跟前去，也說不定。到底相當的束縛是少不得的。原始人天真雖天真，究竟不是一個充分的「人」。[13]

　　由此可見，即使張愛玲於一西化的環境下長大，然而中國傳統的儒道仍然有其影響，在目見香港的外籍學生在戰爭下只有飲食男女的荒唐生活時，也會想起孔子與「人禽之辨」。而在香港陷落此一極端情形裏，種種見聞可謂係張氏體會各種人性面向的難得經驗。於是其後來亦總結道：「戰時香港所見所聞，惟其因為它對於我有切身的、劇烈的影響，當時我是無從說起的。」[14]

戰時的香港（高添強提供）

受香港啟發的經典創作

　　1942 年，張愛玲離港回到上海，開始了其專於寫作的生涯，其香港印象造就了不少作品。翌年，短篇小說《沉香屑：第一爐香》完成，寫上海女生葛薇龍為求可在香港繼續就學而求助於富孀梁太太，卻在聲色犬馬中迷失自己的故事。同年，《沉香屑：第二爐香》也在雜誌連載，此一篇同樣以香港為背景，小說中女子愫細因為性無知而於新婚之夜出逃，其丈夫羅傑因而被以為係色情狂而在工作與生活中屢屢受挫，深刻地批判了過分保守的性觀念。也是同年，中篇小說《茉莉香片》亦寫就，當中描寫在香港大學讀書的學生聶傳慶由於自小缺乏父愛，而對於生在幸福之家的女同學言丹朱懷著既愛慕又妒忌的複雜情感，刻畫人性的矛盾與衝突。及後，張愛玲代表作之一的《傾城之戀》也告完成，寫來自上海沒落世家的白流蘇，為求生活安穩及向家中虐待她的親人報復，而往香港結識富公子范柳原的故事。白氏與范氏兩人本互相算計，卻在香港陷落之時患難見真情，終於摒除城府相愛。這個故事顯然受其於香港戰事中的經驗啟發。隨後各篇與香港無關的作品也陸續刊登。張氏的各篇小說在上海發表之後，一舉成名，旋即成為上海文壇炙手可熱的新晉作家。多份雜誌報章都有論說，有評議謂其作是文壇中「奇跡」一般的「奇花異卉」。[15] 其各種作品更在 1944 年獲結集成短篇小說集《傳奇》出版，在四天內即告售罄；同年《傾城之戀》還得以改成舞台劇公演，可見其作是何等受歡迎。[16] 同時張氏亦出席各種文藝座談會，在文藝圈嶄露頭角。[17] 其年張愛玲不過二十四歲。

　　然而需要點明的是，1943-1944 年的上海，正值淪陷時期。1941 年隨著珍珠港事變，日本對盟軍宣戰；同年日軍在侵略香港之餘，上海租界亦被攻入，於是全城都落入汪精衛政權之手。張氏各篇小說的寫作，

都在此背景之下。其作品卻一派言情，無關於時局，於是日後就備受批評。再加上 1944 年，張氏更與效力於汪政權、時任宣傳部次長、戰後通常被視為漢奸的胡蘭成（1906-1981）相識並火速結婚，如此連結更是遭受非議。因此在 1945 年抗戰勝利之後，已有人署名司馬文偵寫就《文化漢奸罪惡史》，開列張愛玲為十六個「文化漢奸」之一。其罪名除卻是與胡蘭成有染，還有張氏在 1943-1944 年間曾於汪政權支持的各個刊物上發表文章，以及參與親日性質的文化活動等等。[18] 在張愛玲而言，戰後的文化空間反而更形局促；且內戰之後，共產變天，在毛澤東指示下，文藝更明確要是政治工具。受大陸的形勢所迫，加之與胡蘭成又情變分離，張氏於是再次流移香港。

戰後張愛玲的香港與海外足跡

1952 年，張愛玲移居香港，任職美國新聞署（United States Information Service），期間得到署方資助，寫作了批評共產黨土改的英文小說 The Rice Sprout Song，後來譯成中文版名為《秧歌》。又作中文的《赤地之戀》，後來改成英文的 The Naked Earth，俱為張氏少有的政治作品。同時結識好友宋淇，在其介紹之下成為了香港電影公司國際電影懋業的編劇，編寫了《南北喜相逢》、《情場如戰場》及《小兒女》等電影劇本。自離開中國往香港之後，張愛玲一直希望往美國發展打入英文文學界。在 1956 年終於成功，以難民作家身分可赴美居留，同年並與德裔美國左翼作家賴雅（Ferdinand Reyher）結婚。不過由於張氏一直未能在美國文壇站穩腳跟，丈夫亦非主流，生夫一直生活窘迫。1961 年曾短暫回港及赴台灣希望另尋發展機會，但不久由於丈夫賴雅中風不得不返美照顧。1960 年代起，張氏將其文藝重心放於將清代小說《海上花》翻譯成英文

上。1969 年起獲聘為加州大學柏克萊分校中國研究中心的高級研究員，開始《紅樓夢》的學術研究；同時在台灣的皇冠出版社再版及結集出版之前的小説作品。[19] 張氏從此長居美國，深居簡出，於 1995 年在洛杉磯病逝。

綜其一生，張愛玲甚早便聲名鵲起，因而在其再版的《傳奇》文集的序文中，興奮自豪地大談「出名要趁早呀！來得太晚的話，快樂也不那麼痛快！」誰知此後卻歷盡波折，其文學作品因不為時勢所合而被攻擊封殺，幸得夏志清及後在 1960 年代的《中國現代小説史》中大加推許，方重新為世人所重視。但其晚年一直希望打入英語文壇卻不甚成功，「成名趁早」的人終在平靜默然中離世。

張愛玲筆下的香港

在各種小説的香港書寫中，張氏曾夫子自道地説明，是以上海人角度出發的。在 1943 年一篇〈到底是上海人〉的散文中，她就解釋了其如何寫作《傳奇》的各篇故事：「我為上海人寫了一本香港傳奇……寫的時候，無時無刻不想到上海人，因為我是試著用上海人的觀點來觀察香港的。只有上海人能夠懂得我的文不達意的地方。」[20] 何謂「上海人的觀點」張氏沒有點明，李歐梵就認為，香港發生的故事大都以旅館為重心，反映了人物的「無根性」；而且在上海不能肆意，如性和慾望的事，都可以在香港發生，如《傾城之戀》中白流蘇來到香港之後，就與范柳原盡興調情。[21] 也就是説，此係一種作者客居異地而生的隨性與漂泊。香港是否放縱了張氏的情慾難以説清，然而其客者的視角卻是無庸置疑。以下將以兩篇小説《傾城之戀》與《第一爐香》為例探討，香港此一張愛玲明顯意識到的「他者」有何種形象。

浮華

故事中白流蘇初到香港，就覺得此地的滿眼景物浮華得誇張。作者寫道，她在船上的甲板上看香港沿岸的風景：

> 那是個火辣辣的下午，望過去最觸目的便是碼頭上圍列著的巨型廣告牌，紅的、橘紅的、粉紅的，倒映在綠油油的海水裏，一條條，一抹抹刺激性的犯衝的色素，竄上落下，廝殺得異常熱鬧。流蘇想著，在這誇張的城市裏，就是栽個跟斗，只怕也比別處痛些，心裏不由得七上八下起來。[22]

此刻白流蘇初到異境，且抱著要藉結交富公子范柳原以向她的上海親戚示威的意圖，因此她的七上八下並不全然因為香港；此番描寫也有作者故佈疑陣、勾起讀者對後文興趣的意味。不過香港誇張浮華、異常熱鬧的廣告牌始終引起了作者以及小說人物的注意。

「殖民地的空氣」

另外張氏所反覆描繪的就是香港濃重的殖民地氣息。如《第一爐香》中，上海來港的女學生葛薇龍，在探訪已為富孀的姑母梁太太時，所看見的深院大宅就是一派刻意營造的東方況味：

> 山腰裏這座白房子是流線形的，幾何圖案式的構造，類似最摩登的電影院。然而屋頂上卻蓋了一層仿古的琉璃瓦……從走廊上的玻璃門裏進去是客室，裏面是立體化的西式佈置，但是也有幾件雅俗共賞的中國擺設。爐台上陳列著翡翠鼻煙壺與象牙觀音像，沙發前圍著斑竹小屏風，可是這一點東方色彩的存在，顯然是看在外國朋友們的面上。英國

人老遠來看看中國，不能不給點中國給他們瞧瞧。但是這裏的中國，是
西方人心目中的中國，荒誕、精巧、滑稽。[23]

　　此大宅的中國元素諸如翡翠鼻煙壺與象牙觀音像雖然「精巧」，卻如
流線形房子配上仿古琉璃瓦一樣並不合襯並不自然，是刻意迎合西方人
而佈置出來的，可謂係殖民地空間下的產物。事實上，在作者眼中葛薇
龍本身的衣著也是如此：

　　　　葛薇龍在玻璃門裏瞥見她自己的影子——她自身也是殖民地所特
有的東方色彩的一部分，她穿著南英中學的別致的制服，翠藍竹布衫，
長齊膝蓋，下面是窄窄褲腳管，還是滿清末年的款式；把女學生打扮得
像賽金花模樣，那也是香港當局取悅歐美遊客的種種設施之一。[24]

　　時至今日，仍然有不少中學以具中國傳統色彩的長衫為校服，恐
怕不能將之理解為殖民地當局取悅西方遊客的設施。然而張氏的此番見
解，尤其說明了香港在其眼中，是處處為歐美洋人服務的地方。小說中
有大量此一方面的描述，又如葛薇龍曾與梁太太身邊的睨兒說：

　　　　姑媽這一幫朋友裏，有甚麼人？不是浮滑的舞男似的年輕人，就是
三宮六嬪的老爺。再不然，就是英國兵。中尉以上的軍官，也還不願意
同黃種人打交道呢！這就是香港！[25]

　　故事中的梁太太是香港的城中名流，因此少不了要與英國軍官交
往，然而軍階在中尉以上的，卻不一定願意與華人打交道。殖民地體制
下之政經形勢所造就的種族權力關係也就在此顯露；而「這就是香港」，

足見作者眼中，此種不平等正是香港當時的核心特徵。不但在上流社會的人際交往如是，連前述那種「荒誕、精巧、滑稽」的建築與佈置風格也如是。在此種氛圍中，小説裏名流圈中的一位交際花周吉婕就活得局促不安。周氏為一混血兒，其宗譜十分複雜，可查出「阿拉伯、尼格羅、印度、英格利、葡萄牙等七、八種血液。」[26] 此一血緣身世同時也側面反映了香港的國際網絡。由於香港被編入英帝國的版圖中，而與阿拉伯、非洲（即文中的尼格羅 Negroes）及印度都有頻繁交往，因毗鄰澳門又與葡萄牙多少有接觸。不過身為此種混血兒的周吉婕卻飽受歧視，因為無論宗譜中的哪一族群都視她為非我族類，於是不禁慨嘆：「這兒殖民地的空氣太濃厚了；換個地方，種族的界限該不會這麼嚴罷？」如此的多元身世也在殖民地之下透不過氣，也許是作者對當時香港形勢的一番感受。

文化多元

諸如周吉婕般多元色彩的意象在小説中也比比皆是，卻不一定顯得悲涼。如故事中寫到葛薇龍在香港逛街，看到：

> 海灣裏有這麼一個地方，有的是密密層層的人，密密層層的燈，密密層層的耀眼的貨品——藍瓷雙耳小花瓶、一捲一捲蔥綠堆金絲絨、玻璃紙袋裝著「巴島蝦片」、琥珀色的熱帶產的榴蓮糕、拖著大紅穗子的佛珠、鵝黃的香袋、烏銀小十字架、寶塔頂的涼帽。[27]

中國傳統的瓷器、佛珠；南洋的蝦片和榴蓮糕；西洋的十字架等等琳琅滿目。同時《傾城之戀》裏的白流蘇在和范柳原吃喝玩樂之時也一樣感受到香港街道的豐富多元：

他每天伴著她到處跑，甚麼都玩到了，電影、廣東戲、賭場、格羅士打飯店、思豪酒店、青鳥咖啡館、印度綢緞莊、九龍的四川菜……[28]

張愛玲的香港是豐富多元、誇張浮華、充斥著殖民地氣息的東方異域。

參考資料及延伸閱讀

張惠苑編：《張愛玲年譜》（天津：天津人民出版社，2014）。

夏志清著、劉紹銘等譯：《中國現代小說史》（香港：中文大學出版社，2001）。

李歐梵：《蒼涼與世故：張愛玲的啟示》（香港：牛津大學出版社，2006）。

註 釋

1   盧瑋鑾編之《香港的憂鬱——文人筆下的香港（1925－1941）》（香港：華風書局，1983）及《香港文縱》（香港：華漢文化事業，1987）二作首開其先，而後盧氏又與黃繼持、鄭樹森編修南來作家的作品選集，如《早期香港新文學作品選》、《早期香港新文學資料選》（香港：天地圖書，1998）；《國共內戰時期香港本地與南來文人作品選》（上、下冊）、《國共內戰時期香港文學資料選》（香港：天地圖書，1999）等等。陳智德則從詩作入手，編成：《三、四〇年代香港詩選》（香港：嶺南大學人文學科研究中心，2003）、《三四〇年代香港新詩論集》（香港：嶺南大學人文學科研究中心，2004）等。胡從經更編著書目，搜羅了十九世紀以來香港華文文學書目，見氏著：《香港近現代文學書目》（香港：朝花出版社，1998）。在多方爬梳之下，南來作品廣受矚目，各類香港文學的討論都對其大書特書，如梁秉鈞：《香港文化空間與文學》（香港：青文書屋，1996）；黃維樑：《香港文學初探》（香港：華漢文化事業，1985）；黃康顯：《香港文學的發展與評價》（香港：秋海棠文化，1996），等等，尚有各種研究成果，不計其數。

2   夏志清著、劉紹銘等譯：《中國現代小說史》（香港：中文大學出版社，2001），頁335。

3   張惠苑編：《張愛玲年譜》（天津：天津人民出版社，2014），頁2-4；頁11。

4   同上，頁16。

5   夏志清著、劉紹銘等譯：《中國現代小說史》，頁338。

6   張惠苑編：《張愛玲年譜》，頁22。

7   同上，頁26-30。

8   同上，頁31。

9   同上，頁34-36。

10 張愛玲：〈燼餘錄〉，載氏著：《流言》（台北：皇冠文化，1993），頁43。

11　同上，頁 43、46。

12　同上，頁 46。

13　同上，頁 52。

14　同上，頁 40。

15　迅雷：〈論張愛玲的小說〉，《萬象》，1944 年第 3 卷第 11 期，頁 47。

16　左采：〈舞台上的傾城之戀〉，《新東方雜誌》，1944 年第 10 卷第 5-6 期，頁 32-33。

17　張惠苑編：《張愛玲年譜》，頁 44-47。

18　司馬文偵：《文化漢奸罪惡史》（上海：曙光書局，1945），全 53 頁。

19　張惠苑編：《張愛玲年譜》，頁 178。

20　張愛玲：〈到底是上海人〉，《雜誌》，1943 年第 11 卷第 5 期，頁 105-106。

21　李歐梵：《蒼涼與世故：張愛玲的啟示》（香港：牛津大學出版社，2006），頁 140-142。

22　張愛玲：《傾城之戀 —— 張愛玲短篇小說集之一》（台北：皇冠文化，2003），頁 202-203。

23　張愛玲：《第一爐香 —— 張愛玲短篇小說集之二》（台北：皇冠文化，2003），頁 33。

24　同上。

25　同上，頁 53。

26　同上，頁 55。

27　同上，頁 83。

28　張愛玲：《傾城之戀 —— 張愛玲短篇小說集之一》，頁 212-213。

新亞學人

——立足香港的文化傳承

新亞書院創校主要人物：（左起）沈燕謀、錢穆、郎家恆（Charles Lang, 耶魯大學代表）、唐君毅。（香港中文大學新亞書院提供）

新亞書院在香港的成立以及對學術界的影響早已獲得學界的注意，[1]
而最為世人所了解的自然是錢穆（1895-1980）與唐君毅（1908-1978）
等新亞學人對於新亞書院成立的重要意義及其抱負。[2] 這亦有助於我們了
解何以中國以及東方文化的學術，能夠在英國殖民管治下的香港得以實
踐。儘管最初謝幼偉（1905-1976）、張其昀（1901-1985）等人創辦亞洲
文商專科夜校時，[3] 未必有如此的文化使命，但是在偶然機會下由錢穆接
手後，卻改寫了這書院的歷史。[4]

從〈招生簡章〉所見，新亞的辦學方針是：「上溯宋明書院講學精
神，旁採西歐大學導師制度，以人文主義之教育宗旨溝通世界東西文
化，為人類和平、社會幸福謀前途。」[5] 可見新亞的辦學宗旨非常明確，
正是透過重塑人文主義為主導的中國文化，以大學制度代表中國文化的
聲音溝通世界。新亞的成立正是讓這群學人走出中國，走向亞洲與世
界，而新亞書院的名字正反映著這樣的概念；這亦與新亞所在的香港的
地位相呼應，香港因與中國大陸既近且遠，似乎是一個多種文化並行且
互動的社會，是中國與世界之間互動的橋樑，也體現了唐君毅所提倡的
亞洲概念以及新亞精神。

唐君毅在〈我所了解之新亞精神〉中曾提到：

> 新亞二字即新亞洲，亞洲之範圍比世界小而比中國大。亞洲之概
> 念可說是世界之概念與中國之概念間之一中間的概念。而新亞書院講學
> 的精神，亦正是一方要照顧中國的國情，一方要照顧世界學術文化的潮
> 流，新亞書院的同人，正是要在中國的國情與世界學術文化的潮流之中
> 間，嘗試建立一教育文化的理想而加以實踐。[6]

儘管若干研究顯示錢穆等學人對於香港文化與社會並不特別認同，

而只有文化中國的認同，但是他們均承認，香港的特殊背景為他們的教育事業及研究工作提供了較佳的發展機會，特別是對有關中國文化傳承的工作。錢穆在 1956 年發表的〈當前的香港教育問題〉中曾指出：

> 今天的香港，已在激變之中。中國大陸，陷入共產極權的掌握。他們對中國傳統文化，正在加緊破壞，大批愛好自由，愛好祖國文化的人們，大量湧進香港，如狂濤怒浪般，不可阻遏……香港不再僅是一個商業港，而轉變成為一個文化思想的衝擊點……但我們並不想在狹義的民族觀念與狹義的中國觀念下來談文化傳統，而有其更高一層來為世界人類文化創新，奠基石，闢新路。因此，此一理想，與此一工作，乃倍見其艱巨。然而，我們又認為，香港正是努力從事此一種理想主義教育工作的適宜的好園地。香港不僅是東西商品一個轉口港，香港實是東西文化接觸好地點。[7]

由此觀之，本章將探討新亞書院開創之時，錢穆、唐君毅等學人的背景以及他們在香港的經歷，特別是觀察他們在港創辦學校時的經歷與意義。他們一方面因逃離政治糾紛南下，但另一方面卻仍關心中國文化承傳。而香港雖然是一個商業城市，卻也是一個政治的庇護之所，更是一個文化交匯的中心，容易接觸各種文化，這也使他們的文化視野超越了單純的國學和傳統中國文化，而著眼於東方文化、東西文化的互動等，這些均可從他們在港的經歷得以了解。

背景介紹

錢穆為江蘇無錫人，早年入私塾，及後以任教於中小學為生。1930

年因發表〈劉向歆父子年譜〉於《燕京學報》成名，而被顧頡剛推薦，被聘為燕京大學講師，專責開教「經學史」及「經學通論」，及後先後任職多間北京院校，如清華大學、北京大學、北平師範大學等，[8] 曾任教的科目包括秦漢史、中國近三百年學術史。1937 年因「七七事變」，隨北京各大學南遷，開始抗戰八年的講學生活，其中任教的就是著名的「國立西南聯合大學」（簡稱西南聯大）。在西南地區教學期間，寫成對於近現代中國莘莘學子影響甚深的《國史大綱》，該書展現其史學思想，並飽含著強烈的愛國精神。抗戰結束後，不復任於大型大學，轉為於昆明五華書院文史研究所、無錫江南大學等任教，及後因時局原因轉為定居香港。

定居香港後，輾轉之下，錢穆與唐君毅等努力經營新亞書院。1953 年，他獲得美國耶魯大學中國雅禮協會、美國亞洲協會等經援增辦了新亞研究所，在香港創立了中國文化的重鎮；同時，其學術成就獲香港大學、耶魯大學等高度認同，獲頒授各種名譽博士學位。1959 年，隨著新亞與崇基、聯合三所學院合併為中文大學，他亦退出當中的教學工作，於馬來亞大學短暫講學後，便回台定居，居於雙溪臨溪里，最後完成重要著作《朱子新學案》。錢穆在港超過十五年，雖然他對於香港的事務並無參與很多，但卻以香港為平台推動中國文化承傳的工作。

唐君毅與錢穆一樣，在 1949 年中國變天後輾轉定居香港。他今天被視為當代新儒家的重要開創者。唐氏原籍為廣東五華，但出生於四川宜賓。父親為唐烺，別字為唐迪風，早年入讀書齋，曾深受「五四運動」的影響，接受西方思想；但及後再次回到中國傳統文化與孔子思想，特別專研孟子，著有《孟子大義》。[9] 其母陳大任也是一位文人，著有《思復堂遺詩》。唐氏對其父母相當追崇，也認定是家教對他影響甚深，他在《思復堂遺詩》之〈編後記〉中寫道：

吾稍知學問，初皆由吾父母之教。顧吾為學，偏尚知解。及今年已垂老，方漸知詩禮樂之教，為教之至極。[10]

　　唐君毅小學與中學於成都及重慶接受教育，其中蒙文通等曾教過唐氏，因此唐氏從他們那裏學到各種中國文化知識。[11] 早年曾入讀支那內學院，[12] 師承歐陽竟無，及後於國立中央大學哲學系畢業，期間主修哲學、副修文學，為湯錫予、方東美、李證剛、宗白華、何兆清等人的學生[13]。及後就對新唯識論的理解向熊十力請教，而唐君毅的想法，在熊十力處得到確認。[14] 戰爭前後，於內地及西南地區多間學院任教，如華西大學、[15] 重慶中央大學等。在戰後定居於香港後，與錢穆、張丕介等人分掌新亞書院。當時錢先生擔任書院校長，唐先生則任職為教務長，張先生為總務長，並分別管文史、哲教及經濟等科。唐先生在港期間開講，對於今天香港以至全球的中國哲學發展貢獻無庸置疑，而且他在 1959 年新亞書院合併到中大以後，為保證新亞書院原來的人文精神傳統，聯同錢先生於 1974 年憤而退出中大董事會，並以自費的方式維持新亞研究所的獨立，後來唐先生亦曾短暫訪問台灣，任教台大，及後於 1978 年因病逝世於香港。

　　錢唐兩位當代中國文化承傳的舵手，在機緣巧合之下，來港避開戰事，雖然原本沒有計劃聯合起來辦教育，錢唐二人卻在這個艱苦的時代，如新亞校歌的歌詞所形容的一樣：「艱險我奮進，困乏我多情。」他們在香港的活動以及創辦新亞的各樣事情，成為值得我們花更多心思去關注的地方。

新亞學人的過港情事

雖然錢唐二人原來沒有計劃聯合起來辦教育，但是二人最終因各樣原因流落香港後，便創辦了新亞書院。錢穆在〈新亞書院創辦簡史〉中說明了當時的情況：

> 民國三十八年（1949 年）春假，余與江南大學同事唐君毅，應廣州私立華僑大學聘，由上海同赴廣州。一日，在街頭，忽遇老友張曉峰。⋯⋯告余：「擬去香港辦一學校，已約謝幼偉、崔書琴，亦不久當來。」此兩人乃余素識。⋯⋯曉峰邀余參加。余謂：「自民國二十六秋起，屢荷浙大之邀，僅赴遵義作一短期停留，有負盛情，每以為憾。此次來廣州，本無先定計劃，決當追隨，可即以今日一言為定。」曉峰又告余：「近方約集一董事會，向教育部立案，俟事定再告。」但此後不久，聞曉峰已得蔣總統電召去台北矣。
>
> 余在僑大得識同事趙冰，一見如故。秋季僑大遷回香港，趙冰夫婦與余偕行，余即宿其家。⋯⋯嗣又得教育部（當時部長杭立武）函邀孔子誕辰作公開演講重返廣州。乃聞幼偉、書琴兩人已抵港，進行創辦學校事，而余在香港竟未獲與彼兩人謀面。校名為「亞洲文商學院」，由幼偉約其友人劉菊為監督，派余任院長。余去函聲明：「決踐宿諾，返港共事，惟院長一職，萬不願任。一則人地生疏；二則粵語、英語均不所習，定多困難；三則與監督劉君素昧平生。懇幼偉、書琴另商。」不日，幼偉、書琴特囑曉峰原邀之第三人治經濟者返粵。攜幼偉、書琴函，面告一切，促余速返港。迨余抵港，晤及幼偉、書琴，乃知依港例，申請創辦學校，必由監督一人出面負責。劉君凤居香港，與幼偉熟稔，故請其任此職，俾便與香港教育司接頭。並謂院長一職，亦已正式

立案，成為定局，極難臨時更動。此後校中一切事，彼兩人必盡力應付。余見事已如此，只有勉允。[16]

新亞書院因此成立，而由錢穆擔任校長，並有唐君毅、張丕介、羅夢冊、程兆熊等協助教學。新亞書院連同後來的中文大學、新亞研究所，成為當今香港傳承中國文化的重鎮，也使香港成為冷戰期間不同南來文人停留、講學以及學術交流的中心，更是中國文化向世界傳播的重要媒介。

兩人所創辦的新亞書院最初分別在不同地方借用課室，有在華南中學，有在北角英皇道，而今天為人所認識的是，當時商人王岳峯斥資購入了九龍深水埗桂林街 61-65 號的唐樓作為當時新亞書院的校舍。[17] 校舍不但是教室，也是當時大批清貧學生留宿的地方，而錢唐二人當時也是留居於此。當時他們在困苦的環境下仍然開辦學校，原因如錢穆所說：

> 我創辦「新亞」的動機，是因為當初從大陸出來，見到許多流亡青年，到處徬徨，走投無路，又不是人人都有機會到台灣來；而我覺得自己是從事教育工作的人，怎忍眼看他們失學；同時，也覺得自己只有這條適當的路可以走。[18]

新亞書院在深水埗校舍時期環境很差，據錢先生所回憶：

> 學生來源則多半為大陸流亡之青年，尤以調景嶺難民營中來者佔絕大比數。彼輩皆不能繳學費，更有在學校天台上露宿，及蜷臥三、四樓之樓梯上者。每遇晚間八、九時返校，樓梯上早已不通行，須多次腳踏褥被而過。或則派充學校中雜務：如掃地、擦窗等，可獲少許津貼。……至香港居家者，因見學校規模窮陋，應考取錄後，亦多改讀他校。

否則亦隨例請求免費，或求免一部份。總計全校學生不到百人，而學費收入則僅得百分之三而已。[19]

當時錢穆為了經營新亞書院，採用了各種方法尋求資助，其中一法為向當時的中華民國政府申請資助。錢穆在 1950 年到台訪學期間，與蔣介石等官員會面，最終獲得了總統府每月三千元的資助，解了燃眉之急，錢穆憶述有關經歷道：

> 總統席間，垂詢香港及新亞情形。我之此來，本為新亞經濟困竭，擬懇政府援助，然不願向總統申述，只詳告香港之一切。此後在教育部長程天放先生家晚餐敘談，行政院、黨部、僑委會各有關機構皆參加。我報告經濟情況，學生百分之八十以上皆免費。教師薪水，從我起，一律以任課鐘點計算，一小時港幣二十元。我一人任課最多，得最高薪，亦不超過港幣兩百元。全校只一職員，無工役，一切打掃雜務，全由學生分任。惟薪水及其他雜費，如水電紙筆郵費等，最低非港幣三千元，不足維持。偶商得捐助，支票皆不肯開收付雙方名字。以此倍極困難。當與預會人表示，新亞員生，絕大部份皆來自大陸，政府當絕對支持。經濟最低限度所需，政府必照額支付。惟是晚行政院長陳辭修先生未在座，當俟報告再作定案。總統府秘書長王雪艇先生發言，奉總統面諭，新亞津貼，可由總統府辦公費中劃出與政府所給對等之數。今所定按月港幣三千元，行政院方面須待立法院通過，總統府方面即按月支給。此後新亞經費，幾乎專仰總統府之辦公費救濟，直待數年後獲得美國耶魯、哈佛兩大學援助，始由新亞自動請總統府停撥。[20]

獲得在台灣的總統府與美國的基金會之協助後，新亞書院學生的情

況得到大大的改善，校舍亦搬遷到九龍農圃道，錢穆在〈新亞書院創辦簡史〉中有述及有關事宜：

民國四十二年初夏，美國耶魯大學歷史系主任盧定教授來香港，約余在其旅邸中相見，蘇明璇陪往。……是晨，盧定告余，彼受雅禮協會董事會之託，來訪香港、台北、菲律賓三處，以學校與醫藥兩項為選擇對象，歸作報告，擬有所補助，俾以繼續雅禮協會曾在中國大陸長沙所辦醫院及學校兩事未竟之業。……相晤後數日，盧定即去台北。返港後，又約相見；盧定告余，彼不擬再往菲律賓，已決定以新亞一校為雅禮合作對象。並囑余，分擬年得美金一萬、一萬五、兩萬之三項預算，由俾攜歸，俟董事會斟酌決定。余遂寫一紙與之，定年得一萬則另租一校舍，一萬五則頂一校舍，兩萬則謀買一校舍。盧定見之，大表詫異，云：「聞君校諸教授受薪微薄，生活艱窘，今得協款何不措意及此。君亦與學校同人商之否。」余答：「君與余屢見面，但未一至學校。」余因指桌上一茶杯云：「如此小杯，注水多，即溢出。余等辦此學校，惟盼學校得有發展，儻為私人生活打算，可不在此苦守。如學校無一適當校舍，斷無前途可望，請君先往新亞一查看。」……盧定臨別前告余，彼返美後，雅禮董事會定於新亞有協助。惟君對此款，仍當作學校日常開支，至於校舍事，容再另商。又約一美人蕭約與余見面，……今居港，有事可約談。及盧定返美後，來函云：「補助費按年二萬五千美元。」又超原定最高額之上。

新亞書院早期辦學極度困難，但在雅禮協會、耶魯大學、亞洲協會及哈佛燕京學社等美國學術機構的支持之下，最終在 1956 年農圃道校舍建成後穩定下來。唐氏憶述雅禮協會資助前的情況與情感時寫道：

我所想的，只是那時我們之學校甚麼憑藉都莫有。如校歌中所謂「手空空，無一物」。我個人那時的心境，亦總常想到我們在香港辦學，是莫有根的。我們只是流浪在此。我們常講的中國文化精神，人生理想，教育理想，亦只如是虛懸在口中紙上，而隨風飄蕩的。但是正因為我常有此流浪的無根之感，所以我個人之心境，在當時反是更能向上的。正因我常覺一切精神理想都是虛懸在口中紙上，而隨風飄蕩，所以更想在內心去執定它。我由我自己的體驗，使我常想到許多流亡的同學，你們在香港更是一切都無憑藉，應更有一向上的精神理想，亦當更能執定它。我不知道畢竟你們這些流亡的同學，是否真能從流亡中真體驗到一些甚麼。但是以後我們之學校，卻斷然是流亡的同學一天一天更少或根本莫有了。而我們之學校，有了校舍，逐漸為世所知，在香港社會立住腳。我們之流根無根之感，亦自然一天一天的會減少了，這畢竟是我們學校師生之幸呢或不幸呢？ [21]

　　而錢穆、唐君毅等先生亦代表新亞，曾先後到耶魯、哈佛等名校講學及參觀，以使新亞成為一所為美國高校所認識的香港學校。然而，英國有意建立新大學，希望將新亞、聯合、崇基合併成新校。當時錢穆考慮到畢業生的將來，於是決定讓新亞加入中文大學，而自此他亦退出中大的教學工作，並轉而推動創立新亞中學、新亞文商書院。更重要的是，他回復到著書立說的研究工作當中。他對於自己的辭職提出了相當重要的論據：

　　我此次向董事會提出辭職申請，學校同人同學，有些感到很突然，其實此事我存心已久，理由也極簡單。我性近講堂教課和私人研究，不喜行政工作及人事處理。回憶十四年前，流亡來港，當時在不尋常的心

理狀態下，經幾位朋友迫促，答應擔任校長名義來創辦此學校；也只是暫時應承，認為過些時，便可交卸讓別人擔當。不料此學校一開始，艱難萬狀，不好中途卸肩。我常說：「只要新亞能不關門，我必然奮鬥下去；待新亞略有基礎，那時纔有我其他想法之自由。」……以前學校用著我的長處，以後學校將用我的短處。所謂長處，在我年輕時，即服膺前清曾文正公「紮硬寨，打死仗」這兩句話。我幼年做學問即用曾文正此六字訣；我在新亞，也用此六字打熬。此下情形漸不同，而行政職務日增，人事問題也日趨複雜，我不善處理應付，此是我之所短。……後來學校決定接受教育司津貼，我那時便心下內定，一俟中文大學成立，這是我辭去校長職務一最適當的階段了。……我並不想偷懶，只想對學術上更有貢獻。在我來講，或比坐辦公室出席開會，應付人事，意義更大些，這是我渴望辭去現職惟一心情。[22]

　　辭職以後，錢穆便回到台灣，專心論述，發表各種研究成果及著作，其中最為人所認識的是《朱子新學案》。雖然他往後不再過問香港中文大學的發展，但中文大學以及香港學術界的發展，卻得益於錢穆先生過去在香港經營教育的努力。

　　另一方面，唐君毅先生在經營新亞書院時亦作出了不少貢獻，他從中國大陸來港時，主要的原因是希望讓家庭安頓後，才為國家社會準備。在他的日記中寫道：

　　　　時局惡化，念今日應一面標民族國家大義　　面求均貧富。此須一方反共黨，一方反政府。此時如有此一文化思想運動出現，……並接中國之歷史文化。如此則吾人雖失敗而犧牲，吾人之所號召之義仍有客觀價值。惟吾人如發動此運動必準備兩面受敵與必要時之犧牲，昨夜念及

此，擬將家庭謀一安頓，即作獻身社會國家之準備。[23]

最後他選擇離開中國大陸，抵達香港，希望在香港推動歷史文化思想運動。[24]機緣巧合之下，唐氏參加了新亞書院的運作。為了當時新亞書院的營運，唐先生不斷撰寫報章評論，同時也接受香港大學中文系林仰山的邀請，往香港大學兼任教授中國哲學，因而減輕了新亞書院的負擔以及家中的經濟困難。[25]

因得到雅禮協會等的資助，唐氏與錢氏先後拜訪美國各地大學，其中唐氏與張君勱於美國見面，有感於西方人士對中國學術的研究方式及對中國政治的認識，有未能切當之處，故由唐先生起草，題為「為中國文化敬告世界人士宣言——我們對中國學術研究及中國文化與世界文化前途之共同認識」。當時來說，該宣言對於學術界沒有甚大影響，但此宣言奠下了唐君毅等新儒家學者及新亞書院的學術精神及對於文化思想的價值。宣言中提到：

我們之所以要把我們對自己國家文化之過去現在與將來前途的看法，向世界宣告，是因為我們真切相信：中國文化問題，有其世界的重要性。我們姑不論中國為數千年文化歷史，迄未斷絕之世界上極少的國家之一，及十八世紀以前的歐洲人對中國文化的稱美，與中國文化對於人類文化已有的貢獻。但無論如何，中國現有近於全球四分之一的人口擺在眼前。這全人類四分之一的人口之生命與精神，何處寄託，如何安頓，實際上早已為全人類的共同良心所關切。中國問題早已化為世界的問題。如果人類的良心，並不容許用原子彈來消滅中國五億以上的人口，則此近四分之一的人類之生命與精神之命運，便將永成為全人類良心上共同的負擔。而此問題之解決，實繫於我們對中國文化之過去現在

與將來有真實的認識。如果中國文化不被瞭解，中國文化沒有將來，則這四分之一的人類之生命與精神，將得不到正當的寄託和安頓；此不僅將招來全人類在現實上的共同禍害，而且全人類之共同良心的負擔將永遠無法解除。**26**

他們認識到，中國文化承傳以及價值是人類共同的命運。雖然唐氏在香港生活時並沒有積極參與社會事務，但是卻在「流亡海外」時有著更明顯的感受，也因此促使他加強在香港推動中國文化承傳的決心。正如他在〈說中華民族之花果飄零〉一文中提到：

　　本文之目標，亦主要針對依此觀點所形成之思想與意識，其逐漸流行於知識分子之心中而發，意在正人心而闢邪說。至於對此中華民族之文化之樹之花果飄零，則我自顧己身，同茲命運，香港乃英人殖民之地，既非吾土，亦非吾民，吾與友生，皆神明華胄，夢魂雖在我神州，而肉軀竟不幸亦不得不求託庇於此，自憐不暇，何敢責人？惟盼共發大願心，正視吾人共同遭遇之悲劇，齊謀挽救，勿以邪曲之詭辯自欺，使吾人淪於萬劫不復，則幸甚矣。**27**

可以看到，唐氏等在港期間的信念，是為了使中國文化得以傳承下去。而他們的努力在六十年代得到香港政府的重視，富爾敦委員會報告書當時建議將新亞與崇基、聯合書院合併為中文大學，並聘唐君毅為中文大學哲學系講座教授兼哲學系系務會主席、文學院院長，積極為中文大學的發展作出努力。隨著新亞書院遷入沙田，在農圃道校址原址創辦了新亞中學。該校校歌正是由唐君毅作詞，也反映了他的教育觀與文化觀：

日日新，又日新。勤於學，敏於事，慎於言，謹於行。少年的光陰，如流水之悠悠易逝，少年的心情，如佳木之欣欣向榮。敬我師長樂我群，愛我家庭仁我民。天光不息，農圃長春。這兒是綠野神州，南海之濱，我們是中華民族神明子孫，我們的學業、德業、事業，日新又日新。中華的文明，在新的亞洲，新的世界，萬古常新。[28]

而在 1974 年，他於中大退休，專心辦理新亞研究所，中大則由劉述先擔任哲學系主任。但當時因中大改制，希望將書院聯邦制改為大學中央制，將三所書院的權力與職能減少以達致大學將事權集中與統一。當時，新亞書院的代表僅餘唐先生在香港主持校政，故他積極向政府與中大爭取保留聯邦制。但事與願違，1976 年，中文大學改為單一制，權力交由以大學校長為首之中央集權行政機構。唐君毅與其他董事得知有關當局的決定後，便憤而辭去新亞書院董事會的職務。但他仍於新亞研究所講課，也多次往返台港兩地治病、講學，在患病期間仍努力為學術工作奮鬥。1978 年 2 月，唐先生因病於香港逝世，享年七十歲。

新亞書院校舍的變遷

新亞書院在早期借用不同地方的分校，錢唐兩位亦不斷地尋求合適的地方。而最為人所熟知的地方為深水埗桂林街校舍。當時錢唐二人在九龍深水埗桂林街 61、63、65 號租用了三、四樓作為校舍，四樓用作教室，三樓則用作辦公室、學生宿舍及教員宿舍。由於校舍太少，原來計劃開辦農學系與新聞社會系，最終無法開辦，只有文史系、哲學教育系、經濟學系與商學系得以順利營辦。

然而唐樓的校舍根本不足以營運一所高等學府，故很多學生，據錢

今日香港中文大學內的錢穆圖書館（常家悅提供）

唐的回憶，來到香港後發現校舍如此，便決定改投他校，這使他們更希望尋找合適的地方作為校舍之用。1955 年，香港政府贈予新亞書院地皮一幅，作為建校之用，地址在九龍土瓜灣農圃道與天光道交界，故新亞中學校歌所云「天光不息，農圃長春」正是此實景。[29]

新亞書院在另一個美國的基金會「福特基金會」的支持下，分期興建新亞書院的農圃道新校舍。經過各方努力，1956 年 1 月，港督葛量洪主持新亞新校舍奠基典禮，也象徵著新亞書院在流離與困難之中，終可喘一口氣。自此，新亞書院以及後來的新亞研究所便在這所校舍之中成長，即使新亞書院加入中文大學，及後於 1970 年代以後也搬遷至沙田，新亞研究所及後來成立的新亞中學卻沿用此校舍至今，為香港及中國文化培養了不少人才。

1973 年，中文大學為方便書院之間的聯繫，將中文大學的兩所九龍學院，即聯合書院及新亞書院均遷至原來崇基書院所在的馬料水校園，自此沙田馬料水的校園成為了新亞書院的校園，也是今天為人所熟悉的香港中文大學所在地。錢穆在 1967 年時因「六七」左派暴動而遷居台灣，[30] 故當時只有唐君毅曾於該校園任教。[31]

新亞學人的團體交往

新亞書院的草創期間曾得到不少機構的協助，使其能在香港得到更好的發展，當中不少是一些美國的基金會，其中最值得留意的是雅禮協會。雅禮協會是美國的非政府機構，背後與耶魯大學有緊密的聯繫，希望透過各種資助，來幫助中國的教育與醫療發展。但新中國成立後，大陸反美情緒高漲，而台灣也暫不適合直接參與其事業，於是當時他們留意到新亞書院。作為一所專為難民開設的學院，新亞書院因錢唐等人強

調保存傳統中國文化的價值，而與雅禮協會的宗旨不謀而合，因此雅禮協會便開始長達數十年對新亞書院以及後來中文大學運營的資助以及各種合作計劃。至今，雅禮協會仍在中文大學有各種資助，其中一項便是香港中文大學雅禮中國語文研習所。[32]

另一機構是亞洲基金會，主要希望協助新亞成立研究所。從錢穆的《新亞書院創辦簡史》之中可見當時亞洲基金會的資助情況：

> 余告艾維，新亞創辦乃因大陸遭劇變促成。余意不僅在辦一學校，實欲提倡新學術，培養新人才，以供他日還大陸之用。故今學校雖僅具雛形，余心極欲再辦一研究所。此非好高騖遠，實感迫切所需，儻亞洲協會肯對此相助，規模儘不妨簡陋，培養得一人才，他日即得一人才之用，不當尊重外面一般條例言。艾維深然之。謂願出力以待他日新機會之不斷來臨。乃租九龍太子道一樓，供新亞及校外大學畢業後有志續求進修者數人之用。新亞諸教授則隨宜作指導，是為新亞研究所最先之籌辦。時為民國四十二年之秋。[33]

從錢穆的解說中可了解到，早於 1953 年草創新亞研究所時，亞洲基金會已希望作出各種協調，也願意提供各種幫助。而在 1955 年，新亞研究所正式成立時，亞洲基金會更同意將資助的一半提供給新亞書院，使新亞書院與新亞研究所在資源上可互相配合。據張丕介先生所言：

> 經數次懇談，決議新亞書院接受該會初步的援助，藉建立新亞研究所之名，由該會撥助專任研究人員的研究費。而以其中的半數，轉交新亞書院，以應付學校最低限度的經費需要，研究所設立於太子道。一層租用的房屋，有專任教授四人，及研究生四人。[34]

另一美國重要機構哈佛燕京學社也與錢穆及新亞書院聯繫上。1954年12月2日，哈佛大學賴世和（Edwin Oldfather Reischauer, 或譯作雷少華，1910-1990）教授代表哈佛燕京學社來訪，與錢穆交談後，深感認同新亞書院的工作，於是便資助新亞研究所。該所的大事記中提到：

> 該社已決定一九五六年度將捐助五千美元作為本院研究所的發展經費，指定用於研究所的購置圖書、出版刊物著作及其他研究工作之用。該社並答應今後每年能幫助本院研究所畢業生赴美留學之費用。其最初名額，每年將為一、二名。[35]

值得一提的是，縱使港大與中大在學術方向上有不同，但是新亞書院的先生們均與香港大學中文系有緊密的合作，主要在於兼課與擔當榮譽研究員，使新亞書院的老師經濟上得到改善。由賀光中到林仰山，中文系系主任均一直邀請大量新亞書院的人員擔任港大的兼任講師或是東方文化研究院的研究人員，而錢穆、唐君毅均為成員之一，他們的研究成果，亦藉著香港大學出版部的資源而得以出版。[36] 由此可見，對於早期的新亞學人來說，港大的資源相當重要，也是使新亞能立足香港的關鍵因素。

錢唐與中港政府的關係

錢唐二人視當時新中國的成立為無法久留大陸的關鍵，而當時他們對於國民黨與國民黨治下的台灣亦並無信心，故他們先定居於香港，這也促使他們在香港開始辦學。不過，他們對於港英殖民政府，其實並沒有任何明顯的批評，反而對殖民地政府的教育政策有所意見，當中的關鍵是香港中文大學的成立。

錢穆最初甚為支持新亞書院加入中文大學，因為他認為這有助新亞畢業生得到較佳的位置，他本人曾說：

> 崇基、聯合、新亞之三校，皆為得美國方面之協助者；港府似乎意有不安，乃有此創辦一新大學之動議。崇基、聯合均同意，新亞同人則多持異見。余意新亞最大貢獻在提供救濟了先期大批難民青年之就學機會。今則時局漸定，此種需要已失去；而新亞畢業生，非得港府承認新亞之大學地位，離校謀事，極難得較佳位置。儻香港大學外，香港政府重有第二大學，則新亞畢業生出路更暢，此其一。又國內學人及新起者，散佈台、港、美歐各地日有加，儻香港再辦一大學，教師薪額一比港大。此後絡續向各地延聘教師，亦可藉此為國儲才。香港政府所發薪金，亦取之港地居民之稅收。以中國人錢，為中國人養才，受之何愧。三則辦一大學，當如育一嬰孩，須求其逐年長大成人。[37]

然而，在新亞於 1963 年加入中文大學後，很快中文大學以及香港政府對於聯邦制的中大感到不滿意，最終在 1976 年建議改革成為單一制大學。當時新亞書院的董事對此決定極度反感，唐君毅等新亞書院董事甚至決定集體辭職，並於報章刊登以下聲明：

> 香港中文大學在公曆一九六三年成立時，曾於事前由多方面經長時間之磋商始決定採用聯合制之組織，並在大學條例第廿條載明：以後對基礎學院之組織章程，如有更改，須先得有關學院之同意。最近立法局通過中文大學組織法案，行政當局未按規定及承諾先得同意，即進行草擬法案，提送立法局，將大學改為單一制，一切權力集中於大學本部，使基礎學院名存實亡，有違當初成立中文大學之原意。同人等認為中大

問題，不在於聯合制之不良，而在於大學當局未按大學法規辦理。因此一再提出反對改制意見，並陳述富爾敦報告書所提「學科本位」與「學生本位」之教學，在教育理論上不可通，在實際上亦不能行，不足為改革中大現制之依據。社會輿論亦多加以批評。結果僅能使法案作無關宏旨之修改，而聯合制終被廢棄，改為單一集權制，失去原有基礎學院之教育優點。同人等過去慘淡經營新亞書院，以及參加創設與發展中文大學所抱之教育理想，將無法實現，自不能繼續在新亞董事會任職，徒滋內疚。用特辭去董事及因董事一職而兼任之其他一切職務，以謝過去曾以心思財力貢獻於創辦及發展新亞書院之個人與機關團體，以及畢業校友，與在校師生。中大改制之是非功罪，並以訴諸香港之社會良知與將來之歷史評判，謹此聲明。[38]

有關聲明也是獲得錢穆所支持，故可見香港政府改制的決定令兩人對於香港的教育當局感到相當失望，兩人亦先後淡出香港的教育與學術界，而香港的大專教育則由此漸漸遠離錢唐等人早期的理想。

錢唐的時代思想

錢唐二人都是基於政局的改變，而轉到香港從事學術，推動中國文化教育事業。二人亦對於中國政局有所關心，不過相對而言，唐君毅顯得較錢穆更重視，唐端正的年譜是這樣寫的：

先生在到香港前，從未為文批評中國共產黨，抵港後，鑒於國內情況日非，中共對人對學術之押擊，肆無忌憚，念及當時中國能對思想文化窺見本源者不多，認為護衛文化之尊嚴，實責無旁貸。如是乃挺身而

出，開始為文批評中共。並認為如能因此改變中共之最高原理與對蘇聯之一面倒，即使自我犧牲，亦不在乎。**39**

而在〈為中國文化敬告世界人士宣言〉之中，唐君毅明確地反對馬列主義的專政思想，當時他指出：

馬列主義之專政思想，所以不能長久成為中國文化政治之最高指導原則，其根本理由。一、在馬列主義想否認普遍的人性，而只承認階級性，因而想打倒一切建基於普遍的人性基礎上之宗教、哲學、文學、藝術、道德，而徹底以階級的觀點，加以劃分。此處是違悖了世界一切高級文化之共同原則，尤與中國數千年之文化思想之植根於此人心人性，以建立道德主體者相違，而想截斷中國歷史文化之統緒。二、在由其階級的人性觀，所產生的無產階級的組織，想否認每一人的個性與自由人權，這是與一切人之各為一個人，因而必有其個性，亦當有其自由人權相違的。三、在中國文化之歷史的發展，是必然要使中國除成為一道德主體外，兼成為一政治的主體、認識的主體，及實用技術的主體。人要成為一認識的主體，則其思想理性決不能為教條所束縛，而思想之自由，學術之自由，必當無條件的被肯定。四、在中國人民要成為政治的主體，則既不能容許君主一人在上，人民成為被治者，亦不容許一黨專政，使黨外人只成為被治者。五、在中國傳統政治中問題之一，在對於改朝易姓，君主繼承等問題，無妥善的解決。……而在共產之極權政治中，則最高政治領袖之繼承問題，……只有歸於如蘇聯列寧死後史大林死後之互相砍殺。此砍殺之必然產生，乃於共黨體制內，視抱不同之意見之人，為必不能並存的敵人。有我無敵，有敵無我。……故此砍殺，乃由一黨專政之本性所注定者。欲避此砍殺，只能依由全民共同遵守之

憲法，以行自由之選舉，使政權能在和平中轉移。[40]

由此可見，唐君毅對於時局的評論是採用儒家之立場，亦認為當時的馬列式專政無法改善中國社會的發展，故他認為需立足於儒家立場，在長遠的中國社會改革之中，必須建立共同遵守之憲法及自由選舉的做法。[41] 這種想法雖然是一種理想，但可反映出當時唐君毅以及其他新儒家學人共同的觀念。

總括而言，在香港這個錢唐二人認為的流亡之地，在最困難的環境之中，創辦了新亞書院，而新亞書院的成功，使不少的團體，甚至香港當局另眼相看，並紛紛提供各種支持。但這些外來的支持，最終使新亞書院原來的信念，在現實的考慮之下而消失。不過，兩人的努力在史冊之中仍然得到各方的認同；更重要的是，在香港這個複雜的社會之中，成就了新亞學人推動的「北學南移」，使中國文化以及學術教育事業得以承傳下來。

參考資料及延伸閱讀

唐端正：《唐君毅傳略》（香港：法住出版社，2006）。

韓復智：《錢穆先生學術年譜》（台北：國立編譯館，2005）。

鄭宗義編：《香港中文大學的當代儒者》（香港：香港中文大學新亞書院，2006）。

註 釋

1　關於殖民政治與新亞書院的教學方針變遷之間的關係，以周愛靈的研究最為顯著。可參考 Grace Ai-ling Chou, *Confucianism, Colonialism, and the Cold War: Chinese Cultural Education at Hong Kong's New Asia College, 1949-63* (Leiden: Brill, 2012)；另有中譯本，周愛靈著、羅美嫻譯：《花果飄零 —— 冷戰時期殖民地的新亞書院》（香港：商務印書館，2010）；區志堅：〈以人文主義之教育為宗旨，溝通世界中西文化：錢穆先生籌辦新亞教育事業的宏願及實踐〉，載香港中文大學文學院編：《傳承與創新 —— 香港中文大學文學院四十五周年校慶論文集》（香港：中文大學出版社，2009），頁 85-180；區志堅：〈「在非常環境非常心情下做了」—— 試析錢穆先生在香港興學的原因〉，載黃兆強編：《錢穆研究暨當代人文思想國際學術研討會論文集》（台北：錢穆故居，2011），頁 45-69。

2　例子眾多，以下只為舉隅，如文兆堅：〈錢穆、新亞書院與當代香港史學〉，《歷史教育網絡》，2012 年 9 月第 11 期，http://www.hkep.com/history_education/vol_011_master_01_1.htm（訪問日期：2015 年 10 月 7 日）；文兆堅：〈當代香港華文史學之興起 —— 以錢穆（1895-1990 年）與新亞書院為個案〉，載余振等編：《21 世紀世界與中國 —— 當代中國發展熱點問題》（北京：清華大學出版社，2003），頁 604-625；王德威：〈歷史，記憶，與大學之道：四則傳薪者的故事〉，《台大中文學報》，2007 年 6 月第 26 期，頁 1-46；唐君毅主講、崔錦玲記錄：〈新亞的過去、現在與未來〉，《鵝湖》，1983 年 2 月第 92 期，頁 11-17

3　後來二人亦因事而沒有留於香港領導新亞書院。張其昀到了台灣而謝幼偉則到印尼擔任編輯。於是，被二人先行用其名字登記為書院院長的錢穆在這種無可奈何之情形下，負起有關的教學工作。關於此，詳參區志堅：〈以人文主義之教育為宗旨，溝通世界中西文化：錢穆先生籌辦新亞教育事業的宏願及實踐〉，頁 95-96。

4　關於諸如錢穆與唐君毅等新亞學人早年到香港後，如何在非自願之下，接手創辦新亞書院的最初目的，可參考周愛靈著、羅美嫻譯：《花果飄零 —— 冷戰時期殖民地的新亞書院》，頁 21-25；並參廖伯源：〈錢穆先生與新亞研究所〉，載鮑紹霖、黃兆強、區志堅編：《北學南移 —— 港台文史哲溯源（文化卷）》（台北：秀威資

訊，2015），頁 90。

5　錢穆：〈招生簡章節錄〉，《新亞遺鐸》（台北：東大圖書，1989），頁 3。

6　唐君毅：〈我所了解之新亞精神〉，《新亞校刊》，創刊號（1952 年 6 月），頁 2。

7　錢穆：〈當前的香港教育問題〉，《文化與教育》（台北：聯經出版公司，1994），頁 362-366。

8　王恢：〈錢穆先生傳略〉，《書目季刊》，第 24 卷第 2 期（1990 年 9 月），頁 65。

9　唐端正：〈千古有餘情之哲人 —— 唐君毅傳略〉（香港：法住出版社，2006），頁 10。

10　唐君毅：〈編後記〉，載唐君毅全集編輯委員會編：《唐君毅全集》（台北：學生書局，1991），第 29 卷，頁 224。

11　李杜：〈唐君毅〉，載王壽南編：《中國歷代思想家》（台北：台灣商務印書館，1999），第 25 卷，頁 87。

12　唐端正：〈唐君毅先生年譜〉，載唐君毅全集編輯委員會編：《唐君毅全集》，第 29 卷，頁 21。

13　李杜：〈唐君毅〉，頁 88。

14　唐端正：〈唐君毅先生年譜〉，頁 23。

15　同上，頁 35。

16　錢穆：〈新亞書院創辦簡史〉，載氏著：《新亞遺鐸》，頁 917-918。

17　李木妙：《國史大師錢穆教授生平及其著述》（香港：新亞研究所，1994），頁 27。

18　錢穆：〈我和新亞書院〉，《新時代》，第 2 卷第 4 期（1962 年 4 月），頁 36-38。

19　錢穆：〈師友雜憶〉，《中國人》，第 2 卷第 9 期（1980 年 10 月），頁 19。

20　錢穆：〈屢蒙總統召見之回憶〉，《中央日報》（副刊），1975 年 4 月 16 日。

21　唐君毅：〈告新亞書院第六屆畢業同學書〉，載氏著：《青年與學問》（台北：三民書局，2004），頁 143。

22 錢穆:《八十憶雙親‧師友雜憶合刊》(台北:東大圖書,1983),頁 258-259。

23 唐君毅:〈日記‧上〉,載唐君毅全集編輯委員會編:《唐君毅全集》,第 27 卷,頁 16-17。

24 何一:〈北學南移:現代新儒家的遺民情結及其價值 —— 以唐君毅為例〉,載鮑紹霖、黃兆強、區志堅編:《北學南移 —— 港台文史哲溯源(學人卷 I)》(台北:秀威資訊,2015),頁 110-124。

25 唐端正:〈唐君毅先生年譜〉,頁 80-83。

26 牟宗三、徐復觀、張君勱、唐君毅:〈為中國文化敬告世界人士宣言 —— 我們對中國學術研究及中國文化與世界文化前途之共同認識〉,《民主評論》,卷 9 期 1,頁 12-13。

27 唐君毅:〈說中華民族之花果飄零〉,《祖國週刊》,第 35 卷第 1 期。

28 唐端正:〈唐君毅先生年譜〉,頁 184。

29 同上,頁 99。

30 李木妙:《國史大師錢穆教授生平及其著述》,頁 35。

31 唐端正:〈唐君毅先生年譜〉,頁 184。

32 〈雅禮中國語文研習所〉,http://www.cuhk.edu.hk/clc/c_center.htm(訪問日期:2016 年 10 月 27 日)。

33 錢穆:〈新亞書院創辦簡史〉,頁 932。

34 張丕介:〈新亞書院誕生之前後〉,載新亞研究所編:《新亞教育》(香港:新亞研究所,1981),頁 53。

35 錢穆:《新亞遺鐸》,頁 90。

36 許振興:〈北學南移與香港大學〉,載鮑紹霖、黃兆強、區志堅編:《北學南移 —— 港台文史哲溯源(文化卷)》,頁 181-185。

37 錢穆:〈師友雜憶〉,《中國人》,頁 17-19。

38 唐端正:〈唐君毅先生年譜〉,頁 214-215。

39   同上，頁 74。

40   牟宗三、徐復觀、張君勱、唐君毅：〈為中國文化敬告世界人士宣言 —— 我們對中國學術研究及中國文化與世界文化前途之共同認識〉，頁 12-13。

41   李瑞全：〈當代新儒家之課題與發展：論唐君毅、牟宗三、徐復觀三先生之學思方向〉，載鮑紹霖、黃兆強、區志堅編：《北學南移 —— 港台文史哲溯源（文化卷）》，頁 50-51。